고난의 참된 의미

고난의 참된 의미

지은이 토마스 왓슨

옮긴이 임세일

목회자료사

고난의 참된 의미

지은이 **토마스 왓슨**
옮긴이 **임세일**

초판 1쇄 발행 1992년 4월 10일
삼판 1쇄 발행 2013년 4월 25일

펴낸곳 **목회자료사**
136-890 서울시 성북구 돈암1동 48-11
전화 070-7579-0091 팩스 02-425-1225
등록 제 6-13호 카페 http://cafe.daum.net/prpcafe
보급처 **비전북** 전화 031-907-3927 팩스 080-907-9193

값 9,000원
ISBN 978-89-7216-312-1 03230

Thomas Watson
All Things For Good

머리말

성도 여러분!

필자가 늘 어려운 문제로 생각해 온 두 가지 고민이 있습니다. 하나는 어떻게 악한 자로 하여금 자기 처지가 비참하다는 것을 깨닫고 슬퍼하도록 할까 하는 것이며, 다른 하나는 어떻게 경건한 사람으로 하여금 하나님께 받은 은혜를 무한히 기뻐하도록 할까 하는 것입니다.

경건한 사람이 낙심하는 이유를 살펴보면, 마음이 불안하거나 외적인 상황이 혼란스럽기 때문입니다. 필자는 이 두 가지 문제를 해결하기 위하여 하나님의 은혜 가운데 본서를 집필하게 되었습니다.

필자는 본서가 낙심에 빠져있는 사람들의 마음 속에 활기를 불어넣어 주고, 그들의 마음을 보다 희망적인 방향으로 이끌어 주기를 바라는 마음 간절합니다. 필자는 이들에게 용기를 주는 말씀, 곧 하나님을 사랑하는 자에게는 모든 것이 합력하여 선을 이루리라는 말씀을 조금이나마 맛보도록 처방을 내리려고 합니다. '경건한 사람들을 해칠 수 있는 것은 아무 것도 없다'는 사실을 깨달은 사람이라면 마음의 평화를 되찾을 것이기 때문입니다.

실로 이 세상의 모든 일이 합력하여 선을 이룬다고 믿는 사람에게는 십자가가 변하여 복이 되고, 말라버린 은혜의 뿌리가 고난의 단비를 맞아 생기를 되찾으며 더욱 풍성해질 것입니다. 이러한 확신 때문에 이 책을 읽는 독자들의 마음에 기쁨이 차고 넘치리라고 믿어 의심치 않습니다.

서론

영광스러운 특권

'만일 성경 전체가 영혼을 위해 베푼 잔치상이라면, 로마서 8장은 그 잔치상에 놓인 음식이며, 맛있고 귀한 이 음식을 맛본 하나님의 백성의 영혼은 기운을 되찾고 원기를 회복하게 된다'고 암브로스(Ambrose, 4세기 밀라의 주교)는 말했습니다. 사도 바울은 7장까지는 위대한 칭의론과 양자론에 대해 진술했습니다. 이 두 교리는 참으로 신비스럽기 때문에 성령의 도움과 역사가 없었다면, 그는 그렇게 쉽게 이 교리에 대한 진술을 끝낼 수 없었을 것입니다.

한편 이 구절에서 사도 바울은 이 교리에 감미로운 위로의 말을 덧붙입니다. "우리가 알거니와 하나님을 사랑하는 자들에게는 모든 것이 합력하여 선을 이루느니라." 이것은 단순한 말이 아니라 금과옥조와도 같은 말씀입니다. 그래서 필자는 이 금조각들을 하나도 빠뜨리지 않고 모조리 모아볼 생각입니다.

본문에는 세 개의 일반적인 가지들이 있습니다.

1. **영광스러운 특권**. 모든 것이 선을 이룬다는 말씀이 그것입니다.
2. **이 특권을 누릴 수 있는 사람들**. 이들에 대해서는 두 가지로 표현되어 있습니다. 하나님을 사랑하는 사람들과 부르심을 받은 사람들이 그들입니다.
3. **이러한 부르심의 근원과 동기**. "그 뜻대로"라는 말로 명시되어 있습

니다. 그러면 그 내용들을 자세히 살펴봅시다.

'영광스러운 특권' 과 관련해서는 다음의 두 가지 사실을 고찰하겠습니다. ① 이 특권에 대한 확신 - "우리가 알거니와" ② 이 특권의 우월성 - "모든 것이 합력하여 선을 이루느니라."

1. 이 특권에 대한 확신

"우리가 알거니와" 이 말 속에는 주저하거나 의심한다는 의미가 조금도 포함되어 있지 않습니다. 즉 사도 바울은 "우리가 바란다"거나 "추측한다"고 말하지 않고, 신조의 한 항목처럼 "모든 것이 합력하여 선을 이룰 줄 우리가 안다."고 자신있게 말합니다. 이로써 우리는 복음의 진리가 분명하고 틀림이 없음을 알 수 있습니다.

그리스도인이라면 자기가 가지고 있는 생각에 대해 모호한 입장을 취해서는 안됩니다. 오히려 그것을 믿어야 합니다. 이성적인 사람이 경구나 금언을 믿듯이, 신앙인은 복음의 진리를 믿어야 합니다. 그래서 사도 바울은 "우리가 알거니와"라고 말한 것입니다. 비록 그리스도인이 복음의 심오한 진리에 대해 완전히 알지는 못한다 할지라도, 어느 정도의 지식은 가지고 있습니다. "우리가 이제는 거울로 보는 것 같이 희미하나"(고전 13:12). 물론 현재 우리가 가지고 있는 지식은 완벽하지 못합니다. 그러나 "우리가 다 수건을 벗은 얼굴로······ 보매"(고후 3:18). 그러므로 우리는 확신을 갖습니다. 성령께서 신령한 진리들을 다이아몬드처럼 마음에 박아주셨습니다. 그리스도인이라면 죄 속에 악이 있고 거룩함 속에 아름다움이 있음을 확실히 깨달아야 합니다. 또 하나님의 은혜를 받고 있음도 알아야 합니다. "사망에서 옮겨 생명으로 들어간 줄 (우리가) 알거니와"(요일 3:14).

그리스도인은 또한 자기가 천국에 올라갈 것임을 알아야 합니다. "만일 땅에 있는 우리의 장막 집이 무너지면 하나님께서 지으신 집 곧 손으로 지은 것이 아니요, 하늘에 있는 영원한 집이 우리에게 있는 줄 아나니"(고후 5:1). 하나님은 구원의 문제에 대해 자기 백성이 알지 못하도록 내버려 두시지 않습니다. 그래서 사도 바울은 "우리가 알거니와"라고 말한 것입니다. 따라서 우리는 거룩한 확신에 도달하게 되었습니다. 우리에게는 이것을 확증해 줄 성령과 우리의 경험이 있기 때문입니다.

이제 더 이상 하나님을 의심하지 말고 하나님과 복음의 진리를 믿도록 힘써 노력합시다. 한 여인은 순교 현장에서 이렇게 말했습니다. "그리스도를 위해서 불에 타 죽을지언정 그리스도를 배신할 수는 없습니다." 하나님은 우리가 진리의 증인이 될 수 있는지 여부를 알고 계십니다. 그러므로 우리는 진리를 굳게 잡고 나아가야 하겠습니다. 우리가 하나님의 진리를 의심한다면, 우리의 믿음은 곧 흔들리고 말 것입니다. 하나님을 의심하는 사람이 결국 하나님을 배신하는 법입니다. 진리를 의심하게 되면 진리에서 떠나게 되는 것이 상례입니다. 우리는 하나님께 성령을 풍성히 부어 주십사고 간구해야 함은 물론이고 인(印)도 쳐주십사고 간구해야 하겠습니다(고후 1:22).

2.   이 특권의 우월성

"모든 것이 합력하여 선을 이루느니라." 우리는 믿음의 손에 들린 야곱의 지팡이와도 같은 이 말씀을 듣고 거룩한 산으로 올라가야 하겠습니다. 이 말씀에서 만족이나 위로를 얻을 수 없다면 어디에서 만족이나 위로를 얻을 수 있겠습니까?

모든 것이 합력하여 선을 이룬다는 말에서 "합력하다"라는 표현은 의학적인 용어입니다. 약제사는 제약 기증을 가지고 몇 개의 독약들을 적당히 섞어서 양약으로 만들어 환자의 병을 고치는데 사용합니다. 이와 마찬가지로 하나님께서는 모든 섭리들을 조화롭고 거룩하게 만들어 성도들에게 유익하게 작용하도록 하십니다. 따라서 하나님을 사랑하고 그 뜻대로 부르심을 입은 사람은 세상의 모든 것이 그에게 유익을 가져다 줄 것을 믿게 될 것입니다.

실로 본문 말씀은 그리스도인에게 용기를 주는 생명의 양식입니다. 이 양식을 먹은 사람은 몸이 강건해지고, 지팡이 끝으로 꿀을 찍어 먹자 "눈이 밝아진"(삼상 14:27) 요나단과 같이 될 것입니다.

모든 것이 합력하여 선을 이루는데, 왜 자기를 파멸시키고 죽이는 일에 몰두하는 것입니까? 본문이 말하고자 하는 바는 바로 이것입니다. 즉 하나님께서 자기 자녀를 어떤 방식으로 다루시든지 간에 그것은 모두 특별한 섭리에 의해 그들에게 유익하도록 작용한다는 것입니다. "여호와의 모든 길은 그 언약과 증거를 지키는 자에게 인자와 진리로다"(시 25:10). 하나님의 인자하심이 들어있는 길은 곧 선을 이루는 길입니다.

고난의 참된 의미 차례

서론 머리말 6
영광스러운 특권 7

제 일 장 **좋은 일들이 성도들에게 선을 이룹니다** 15
1. 하나님의 성품 15
2. 하나님의 약속 18
3. 하나님의 자비 22
4. 성령의 은혜 26
5. 하나님의 천사들 27
6. 성도들의 교제 28
7. 그리스도의 중보 29
8. 성도들의 기도 30

제 이 장 **나쁜 일들도 경건한 사람들에게 선을 이룹니다** 33
1. 시련 34
2. 나쁜 유혹 44
3. 버림받음 51
4. 죄 58

제 삼 장 **모든 것이 선을 이루는 이유** 69
1. 모든 것이 선을 이루는 근본적인 이유 69
2. 이 명제로부터 추론해낼 수 있는 몇 가지 사실들 74

제 사 장 ▸ **하나님에 대한 사랑** 89

1. 사랑의 본질 90
2. 사랑의 토대 90
3. 사랑의 종류 91
4. 사랑의 특성 92
5. 사랑의 정도 97

적용 : 하나님을 사랑하지 않는 사람들에게 주는 신랄한 훈계 99

제 오 장 ▸ **하나님에 대한 사랑의 시험** 101

1. 하나님을 생각하는 것 101
2. 하나님과 교제하기를 바라는 것 102
3. 죄를 슬퍼하는 것 104
4. 담대함 105
5. 예민함 106
6. 죄를 미워함 106
7. 세상에 대하여 십자가에 못박힘 107
8. 하나님을 두려워함 108
9. 하나님이 사랑하시는 것을 사랑함 110
10. 하나님에 대한 선한 생각을 품는 것 113
11. 순종하는 것 115
12. 다른 사람들로 하나님을 영광스럽게 하도록 애쓰는 것 118
13. 그리스도의 나타나심을 사모하는 것 118
14. 하찮은 일도 마다하지 않는 것 120

제 육 장 ▸ **하나님을 사랑하라는 권면** *121*

1. 하나님을 사랑하는 자가 되라는 권면 *121*
2. 하나님에 대한 사랑을 간직하라는 권면 *138*
3. 하나님을 더욱 사랑하라는 권면 *141*

제 칠 장 ▸ **하나님의 부르심** *145*

1. 부르심의 구분 *146*
2. 부르심을 받기 이전의 비참한 상태 *146*
3. 부르심의 수단 *148*
4. 하나님께서 죄인들을 부르시는 방법 *149*
5. 부르심의 특성 *150*
6. 부르심의 목적 *156*

제 팔 장 ▸ **부르심을 입은 자들에게 주는 권면** *167*

1. 여러분을 부르신 하나님의 값없이 크신 은혜를 찬양하고 경배하십시오 *167*
2. 아직 하나님의 부르심을 받지 못한 사람들을 불쌍히 여기십시오 *168*
3. 하나님의 부르심을 입었다는 사실을 자랑스럽게 여기십시오 *169*

제 일 장

좋은 일들이 성도들에게 선을 이룹니다

먼저 어떤 일들이 경건한 사람에게 선을 이루는지 살펴봅시다. 필자는 본서에서 좋은 일과 나쁜 일이 모두 경건한 사람에게 유익이 된다는 사실을 밝히고자 합니다. 그러면 좋은 일들부터 다루겠습니다.

1. 하나님의 성품이 경건한 사람들에게 선을 이룹니다.

(1) 하나님의 능력이 선을 이룹니다. 하나님의 능력은 영광의 힘이며(골 1:11), 택함받은 사람에게 선을 이룹니다. 하나님의 능력이 선을 이루는 이유는 다음과 같습니다.

첫째, 곤경에 빠져있는 우리를 도와 주기 때문입니다. "그 영원하신 팔이 네 아래 있도다"(신 33:27). 사자 굴에 있던 다니엘을 붙잡아 주고, 물고기 뱃속의 요나를 보호해주며, 풀무불 속에 있던 세 명의 히브리 사람들을 지켜준 것이 무엇이었습니까? 바로 하나님의 능력이었습니다! 상한 갈대가 무성하게 자라나는 것은 생각만 해도 신기하지 않습니까? 나약한 인간이 어떻게 시련을 이겨내며 시련 속에서도 기뻐할 수 있겠습니까? 전능하신 하나님께서 잡아주시기 때문에 모든 것이 가능한 것입니다. "내 능력이 약한 데서 온전하여짐이라"(고후 12:9).

둘째, 우리의 요구들을 충족시켜주기 때문입니다. 하나님은 인간의 방법으로는 도무지 얻을 수 없는 위로를 우리에게 베풀어 주십니다. 까마귀를 통하여 선지자 엘리야에게 먹을 것을 제공해 주셨던 하나님께서 자기 백성들에게도 먹을 것을 주실 것입니다. 하나님은 "병의 기름"(왕상 17:14)이 마르지 않게 하십니다. 하나님은 히스기야를 위해 아하스의 일영표에 비친 그림자를 10도 뒤로 물리셨습니다. 이와 같이 우리의 외적인 평안이 사라지고 태양이 서산으로 막 넘어가려고 할 때, 하나님은 우리에게 다시금 평안을 내려주시고 태양을 몇 도 뒤로 물리실 것입니다.

셋째, 하나님의 능력이 우리의 타락한 점들을 깨끗이 없애버리기 때문입니다. "주께서는 우리의 죄악을 발로 밟으시니라"(미 7:19). 우리의 죄악이 아무리 강하다 할지라도 하나님의 능력은 이 괴물의 머리를 깨뜨리고도 남을 만큼 크십니다. 또한 우리의 마음이 아무리 완악하다 할지라도, 하나님은 그리스도의 피로써 완악한 이 돌덩이를 용해시켜 버리십니다. "전능자가 내 마음을 유하게 하시나니"(욥 23:16). 우리가 여호사밧처럼 "우리에게는 이 큰 군대를 대적할 힘이 없사오니"라고 고백하면, 하나님께서 우리와 함께 전쟁터로 나가셔서 우리의 싸움을 도와주실 것입니다. 하나님은 우리 힘으로는 당해 낼 수 없는, 골리앗만큼 큰 정욕의 머리도 쳐부수십니다.

넷째, 하나님의 능력이 우리의 원수들을 무찌르기 때문입니다. 하나님은 교만한 자의 명예를 더럽히시고 원수들의 자만심을 꺾어버리십니다. "네가 철장으로 저희를 깨뜨림이여"(시 2:9). 원수가 제아무리 악독하고 마귀가 아무리 사악하다 할지라도 하나님은 그것들을 능히 물리칠 수 있는 능력을 갖고 계십니다. 하나님은 악한 자들의 모든 힘을 아주 손쉽게 뒤엎어 버리십니다! "주밖에 도와줄 이가 없사옵니다"(대하 14:11). 오늘날에도 이런 하나님의 능력은 그의 몸된 교회를 통해서 나타납니다. "이스라엘이여 너는 행복자로다 여호와의 구원을 너 같이 얻은 백성이 누구뇨 그는 너를 돕는 방패시요 너의 영광의 칼이시로다"(신 33:29).

(2) 하나님의 지혜가 선을 이룹니다. 하나님의 지혜는 우리를 훈계하기 위해 우리에게 주신 하나님의 말씀입니다. 하나님은 전능하신 하나님이심과 동시에 모사이십니다(사 9:6). 우리는 어둠에 휩싸이거나 어렵고도 복잡한 문제에 휘말리면, 어떤 길을 택해야 할지 모를 때가 많습니다. 이때 하나님은 빛이 되셔서 우리의 길을 비춰주십니다. "내가 너의 갈 길을 가르쳐 보이고 너를 주목하여 훈계하리로다"(시 32:8). 여기에서 "주목"이라는 말은 하나님의 지혜를 나타냅니다. 성도들이 민첩하고 유능한 형사보다 더 먼 곳을 볼 수 있는 이유는 무엇일까요? 그들은 미리 악을 살피고 있다가 자기 몸을 숨길 줄 알기 때문입니다. 성도

들은 사단의 간계를 알고 있습니다. 그것은 하나님의 지혜가 불기둥이 되어 그들 앞에서 인도하기 때문입니다.

(3) 하나님의 선하심이 경건한 사람들에게 선을 이룹니다.
하나님의 선하심은 우리를 선하게 만드는 수단입니다. "하나님의 인자하심이 너를 인도하여 회개케 하시느니라"(롬 2:4). 하나님의 선하심은 우리의 심령을 녹여 눈물을 흘리도록 만드는 영적인 햇볕입니다. 따라서 우리는 "아, 하나님께서 이토록 나를 선대하시고 이토록 오랫동안 지옥의 형벌을 면하게 해주셨는데, 나는 아직도 성령을 슬프게 하고 하나님의 인자하심을 배척하는 죄를 범하고 있구나!"라고 말할 수밖에 없습니다.

하나님의 선하심은 우리에게 온갖 축복을 가져다주시기 때문에 선을 이룹니다. 우리가 받은 은혜는 하나님의 선하심의 샘에서 흘러나오는 은빛 물줄기입니다. 하나님의 선하심은 우리에게 두 가지의 복을 가져다 줍니다. 하나는 일반적인 복인데, 착한 사람이나 악한 사람이나 모두 이 복을 맛보게 됩니다. 달콤한 이슬이 장미꽃 위에만 내려앉는 것이 아니라, 가시나무에도 내려앉는 것과 같습니다. 둘째는 궁극적인 복인데, 이 복은 경건한 사람들만 맛보게 됩니다. "인자와 긍휼로 관을 씌우시고"(시 103:4). 이처럼 하나님의 선하심은 성도들에게 선을 이룹니다.

2. 하나님의 약속이 경건한 사람들에게 선을 이룹니다.

약속은 하나님께서 직접 쓰신 각서입니다. 안전을 보증해주는 각서를 싫어할 사람이 있습니까? 약속은 복음의 젖입니다. 젖이 아기에게 유익하지 않다고 말할 수 있을까요? 하나님의 약속은 "보배롭고 지극히 큰 약속"(벧후 1:4)입니다. 이 약속은 기절하기 직전의 영혼에게 활기를 불어 넣어 주는 양식입니다. 하나님의 약속은 덕으로 가득 차 있습니다.

죄책감에 사로잡혀 있는 사람이 있습니까? 이런 사람들에게 하나님은 "자비롭고 은혜로운 하나님이로라."(출 34:6)고 약속하십니다. 이 말씀에 입각해서 보면, 하나님은 찬란한 자줏빛 옷을 입고 황금으로 된 홀을 집어 들고, 무서워서 떠는 가련한 죄인들을 일으켜 자기에게로 인도하시는 분입니다. 자비는 우리의 죄를 이기고도 남음이 있습니다. 꿀벌이 꿀을 만들어내는 것이 자연스런 현상이듯, 자비는 하나님의 본성입니다. 그런 꿀벌이 침으로 사람을 쏘는 이유는 그 사람이 화를 돋구었기 때문입니다. "그러나 나는 하나님께 자비를 얻을 자격이 없다."고 고백하는 죄인에게도 은혜로운 하나님은 자비를 베푸십니다. 그것은 우리에게 자비를 얻을 만한 자격이 있기 때문이 아니라, 하나님께서 자비를 베푸시기를 원하기 때문입니다. '만일 하나님께서 내 죄를 용서해 주시지 않는다면 그것이 나와 무슨 상관이 있겠는가?'라고 반문하는 사람도 있을 것입니다. "인자를 천대까지 베풀며"(출 34:7). 하나님의 자비하심의 창고는 결코 고갈되지 않을 것입니다. 하나님께서는 보물을 잔뜩 쌓아 놓고 계시기 때문입니다. 그런데 하나님의 자녀인 여러분은 왜 그 창고 안으로 들어가려고 하지 않습니까?

죄로 말미암아 더럽혀진 상태에 있는 사람이 있습니까? 그런 사람에게 하나님은 "내가 저희의 패역을 고치리라."(호 14:4)고 약속하십니다. 하나님은 우리에게 자비뿐만 아니라 은혜도 베푸십니다. 또 하나님은 우리에게 성령을 보내주겠다고 약속하셨습니다(사 44:3). 성령은 성결케하는 본성을 갖고 있기 때문에, 성경에서 그릇을 깨끗하게 해주는 물에 비유되기도 하고, 곡식을 까불리거나 공기를 깨끗하게 하는 바람에 비유되기도 하며, 금속을 제련하는 불에 비유되기도 합니다. 이처럼 성령은 사람의 영혼을 성결케하여 하나님의 자녀답게 만들어 줍니다.

큰 곤경에 처해 있는 사람이 있습니까? 성경은 그런 사람에게 선을 이루시겠다고 약속하고 있습니다. "저희 환난 때에 내가 저와 함께 하리라"(시 91:15). 하나님은 자기 백성에게 고통을 가하지도 않고, 그들을 고통 속에 방치해 두지도 않습니다. 오히려 하나님은 그들을 도와주십니다. 하나님은 그들이 지쳐 쓰러지려고 할 때 그들의 머리와 가슴을 받쳐 주실 것입니다. 성경에는 이들에게 주는 약속이 또 있습니다. "그는 환난 때에 저희 산성이시로다"(시 37:39). 하나님은 "환난이 닥치면 나는 죽을 것이라."고 말하는 사람의 영혼에 산성이 되어주실 것입니다. 다시 말해서 하나님은 우리에게 힘을 주신다는 말입니다. 그렇게 함으로써 하나님은 한편으로는 자기의 손을 더 가볍게 만드시고, 다른 한편으로는 우리의 믿음을 더 굳게 하실 것입니다.

물질적인 것이 부족해서 두려워하는 사람이 있습니까? 그런 사람에게 주는 약속이 있습니다. "여호와를 찾는 자는 모든 좋은 것에 부족함이 없으리로다"(시 34:10). 우리에게 좋은 것은 언젠가는 우리 수중에 넣어야 하지만, 우리에게 좋지 못한 것은 버리는 것이 좋습니다. "여호와가 너희의 양식과 물에 복을 내리리라"(출 23:25). 이 복은 나뭇잎 위에 내리는 물방울처럼 떨어집니다. 그것은 조금만 찍어 먹어도 입 안에 군침이 돌 정도로 감미롭습니다. 꿀처럼 단 복만 있다면 사슴고기가 없다한들 무슨 상관이겠습니까? 그래도 굶주리게 될 것 같아 두렵습니까?

다음의 성경구절을 음미해 보십시오. "내가 어려서부터 늙기까지 의인이 버림을 당하거나 그 자손이 걸식함을 보지 못하였도다"(시 37:25). 우리는 이 말씀을 어떤 의미로 이해해야 할까요? 다윗은 자기가 듣고 본 바를 기록한 것이라고 말합니다. 즉 그는 경건한 사람이 버림을 받거나 먹을 것이 없어서 고생하는 모습을 결코 본 적이 없다고 말합니다. 의인은 큰 곤경에 처할 수는 있어도 하나님으로부터 버림을 받는 일은 없습니다. 아무리 큰 곤경에 처해 있어도 의인은 천국을 기업으로 물려 받을 것이며 하나님은 여전히 그를 사랑하십니다.

| **질문** | 하나님의 약속이 어떻게 선을 이룹니까?
| **대답** | 약속은 믿음의 양식입니다. 약속은 믿음을 강건케하는 양식이기 때문에 선을 이룹니다. 또한 약속은 믿음의 젖입니다. 어린아이가 어머니의 젖을 먹고 자라듯이 믿음도 약속을 먹고 자랍니다. 야곱은 에서가 자기를 치러 온다는 말을 듣고 "심히 두려워서"(창 32:7) 정신이 혼미해질 지경이었습니다. 그때 그는 하나님의 약속에 의지하였습니다. "주께서 말씀하시기를 내가 정녕 네게 은혜를 베풀어…… 하셨나이다" (창 32:12). 이 약속은 그의 원기를 북돋워주는 양식이 되었습니다. 그는 이 약속을 받아먹고 큰 힘을 얻었기 때문에 밤새도록 기도하면서 하나님과 씨름할 수 있었고, 하나님께서 자기에게 복을 내려주실 때까지 가지 못하도록 붙들 수 있었던 것입니다.

하나님의 약속은 기쁨의 원천이기도 합니다. 하나님의 약속은 복잡한 세상에서 사는 사람들에게 평안을 가져다 줍니다. 16세기 독일의 종교 개혁자 우르신(Ursin)은 "아무도 아버지 손에서 저희를 빼앗을 수 없느니라."(요 10:29)는 약속의 말씀을 읽고 마음의 평안을 얻었다고 합니다. 이와 같이 약속은 지쳐서 쓰러진 사람에게 원기를 북돋워 주는 양식

입니다. "주의 법이 나의 즐거움이 되지 아니하였다면 내가 내 고난 중에 멸망하였으리이다."(시 119:92). 이처럼 하나님의 약속은 그물을 뜨게 하는 부표와 같아서 좌절이라는 깊은 물에 가라앉지 않도록 우리의 심령을 이끌어 줍니다.

3. 하나님의 자비하심이 경건한 사람들에게 선을 이룹니다.

하나님의 자비하심은 우리를 겸손하게 만듭니다. "다윗 왕이 여호와 앞에 들어가 앉아서 가로되 주 여호와여 나는 누구이오며 내 집은 무엇이관대 나로 이에 이르게 하셨나이까"(삼하 7:18). 이 말씀의 뜻은 다음과 같습니다. "주여, 어찌하여 제게 왕이 되는 영예를 내리셨습니까? 왜 양떼를 지키던 저로 하여금 당신의 백성 앞을 출입하게 하시나이까?" 이와 마찬가지로 은혜가 충만한 사람도 하나님께 이렇게 물을 것입니다. "주여, 제가 무엇이관대 저를 다른 사람들보다 더 낫게 여기십니까? 다른 사람들이 고뇌의 잔과 죽음에 이르는 공통의 잔을 마시고 있을 때, 저는 포도 열매를 마시게 하시나이까? 제가 무엇이관대 저보다 더 잘난 사람들이 갈망하고 있어도 얻지 못하는 자비를 제게 내려주십니까? 주님, 어찌하여 아무런 가치도 없는 저에게 매일 새롭게 자비를 내려주십니까?" 하나님의 자비가 임하면 죄인은 교만해지지만, 성도는 더욱 더 겸손해집니다.

하나님의 자비하심은 우리의 심령을 녹여줍니다. 즉 우리의 마음을 녹여 하나님을 사랑하도록 만듭니다. 하나님의 심판을 생각하면 두려움이 앞서지만, 하나님께서 베풀어주실 자비를 생각하면 사랑이 용솟음쳐

오릅니다. 사울이 얼마나 큰 자비를 얻었습니까! 다윗은 사울을 얼마든지 죽일 수 있었지만, 그의 옷자락과 머리카락만 잘라내고 그의 목숨을 살려주었습니다. 다윗이 베푼 자비를 깨닫자 사울의 마음은 누그러졌습니다. "내 아들 다윗아 이것이 네 목소리냐 하고 소리를 높여 우니라" (삼상 24:16). 하나님의 자비는 이와 같이 완악한 사람의 마음을 녹여 사랑의 눈물을 흘리게 만듭니다.

하나님의 자비하심은 우리의 마음을 옥토로 만들어줍니다. 여러분이 밭에서 열심히 일하면, 그만큼 더 큰 수확을 얻을 수 있습니다. 이처럼 은혜를 많이 받은 사람일수록 진실한 마음으로 하나님께 영광을 돌릴 것입니다. 즉 그런 사람은 이스라엘 백성이 보석과 귀걸이를 녹여 금송아지를 만들듯이 하나님의 자비를 하찮게 여기는 것이 아니라, 솔로몬이 보고에 들어있는 돈으로 여호와의 성전을 세우듯이 귀하게 여깁니다. 하나님의 자비는 황금빛 소나기처럼 쏟아져 우리의 심령을 옥토로 만들어 줍니다.

하나님의 자비하심은 우리의 심령을 감사로 가득하게 만듭니다. "여호와께서 내게 주신 모든 은혜를 무엇으로 보답할꼬. 내가 구원의 잔을 들리라"(시 116:12,13). 다윗은 지금 이스라엘 백성들이 화목 제물을 바칠 때 손에 잔을 들고, 구원해주신 하나님께 감사를 드리곤 하던 일을 염두에 두고 있습니다. 우리는 하나님의 크신 은혜 덕택에 자비를 얻은 것입니다. 그러므로 자비를 얻은 영혼은 하나님께 더 큰 감사를 드려야 합니다. 선한 그리스도인은 하나님의 자비를 묻어버리는 무덤이 아니라, 찬양하는 성전입니다. 새들도 지저귐으로 창조주께 감사를 표현하는데, 하물며 하나님의 자비를 얻어 풍요롭고 윤택한 삶을 사는 신실한 그리스도인이야 두말할 필요도 없지 않겠습니까!

　하나님의 자비하심은 우리의 마음에 사랑과 순종을 불러 일으킵니다. 하나님의 자비는 우리의 마음을 사랑으로 이끄는 자석이듯이, 순종을 불러일으키는 자극제이기도 합니다. "내가 생존 세계에서 여호와 앞에 행하리로다"(시 116:9). 자기가 받은 복을 고맙게 여기는 사람은 한평생 하나님을 위해 살아야 한다고 생각할 것입니다. 그는 하나님의 자비를 맛보았으므로 하나님을 위해 일하는 것이 당연하다고 생각할 것입니다. 그래서 그는 그리스도만을 위해 살며 하나님께 헌신합니다. 로마인들 사이에는 다른 사람의 도움으로 목숨을 건진 사람은 그를 위해 봉사해야 하는 관습이 있었습니다. 이처럼 하나님의 자비하심을 입은 사람도 하나님을 섬기는 일에 열심을 다해야 합니다.

　하나님의 자비를 받은 사람은 이웃을 동정할 줄 알아야 합니다. 그리스도인은 이 세상을 구원해야 할 사명을 띠고 있기 때문입니다. 그는 굶주린 자에게 먹을 것을 주고, 헐벗은 자에게 입을 것을 주며, 곤경에 처해 있는 과부와 고아를 돌보아야 합니다. 이렇게 함으로써 그는 그들 사이에 자선이라는 금빛씨앗을 뿌리는 것입니다. "은혜를 베풀며 꾸어 주는 자는 잘 되나니"(시 112:5). 즉 나무에서 몰약이 떨어지듯이, 그에게서 자선이 떨어집니다. 이처럼 하나님의 자비하심은 경건한 사람에게 선을 이룹니다. 하나님의 자비하심은 그들을 천국으로 날아오르게 하는 날개이기 때문입니다.

　그밖에 설교 말씀도 경건한 사람에게 선을 이룹니다. 설교 말씀은 생명의 향기를 풍기며 우리의 영혼을 변화시켜 그리스도의 형상을 닮도록 만들고 우리의 마음에 확신을 심어줍니다. "우리 복음이 말로만 너희에게 이른 것이 아니라 오직 능력과 성령과 큰 확신으로 된 것이라"(살전 16:5). 그러므로 설교 말씀은 구원의 마차인 것입니다.

　기도도 경건한 사람에게 선을 이룹니다. 기도는 사랑을 불러일으키는 바람입니다. 그래서 우리의 영혼에 거룩한 소망과 열심을 불러일으킵니다. 기도는 하나님의 능력을 우리에게 부여해 줍니다. "내게 부탁을 하라"(사 45:11). 기도는 하나님의 자비의 보고를 여는 열쇠입니다. 기도는 우리의 마음 문을 하나님을 향해 열도록 하고 죄에 대해서는 닫도록 해주기 때문입니다. 또한 기도는 완악한 마음을 누그러뜨려 주며, 부풀어 오른 욕망을 가라앉혀 줍니다. 루터는 자기 친구가 유혹을 당하고 있다는 것을 깨닫고는 하나님께 간절히 기도하라고 권면했습니다.
　기도는 원수들에게 쏠 총이기도 하며, 병든 영혼을 고쳐주는 양약이 기도 합니다. 기도는 모든 자녀를 거룩하게 해줍니다(딤전 4:5). 기도는 슬픔을 쫓아냅니다. 즉 기도는 슬픔을 터뜨려 버림으로써 마음을 편안하게 해줍니다. 한나는 기도한 이후 "얼굴에 다시는 수색이 없으니라"(삼상 1:18). 기도는 이와 같이 우리의 마음을 편안하게 해줌으로써 선을 이루는 것입니다.

　주의 만찬도 선을 이룹니다. 주의 만찬은 어린양 혼인 잔치의 상징(계 19:9)이며, 영광 중에 오실 그리스도와 함께 가질 진실한 친교입니다. 주의 만찬은 진수성찬을 차려놓은 잔치상으로서, 생명을 보호해주고 죽음을 막아주는 하늘의 만나를 우리에게 가져다줍니다. 또한 주의 만찬은 경건한 사람의 마음에 영광을 가져다줍니다. 주의 만찬은 사랑을 불러일으키고 은혜를 풍만케하여, 타락을 막아주고 소망을 일깨워주며 기쁨을 배가시켜 줍니다. 루터는 "절망에 빠진 사람을 위로하는 것은 죽은 자를 살리는 것만큼이나 위대한 일"이라고 말했습니다. 주의 만찬에 참여한 경건한 사람이라면 이런 일을 할 수 있고, 또 실제로 이 일을 가끔씩 해왔습니다.

4. 성령의 은혜가 경건한 사람들에게 선을 이룹니다.

우리의 영혼과 은혜의 관계는 눈과 빛 혹은 몸과 건강의 관계와 같고, 또한 남편과 현숙한 아내의 관계와도 같습니다. "그런 자는 살아 있는 동안에 그 남편에게 선을 행하느니라"(잠 31:12). 이 얼마나 고귀한 은혜입니까! 믿음과 두려움은 동전의 양면과 같아서, 믿음이 우리의 마음을 기쁨으로 들뜨게 한다면, 두려움은 우리의 마음을 신중하게 해줍니다. 또 믿음이 좌절에 빠지지 않도록 우리의 마음을 지켜준다면, 두려움은 우리의 마음이 허공에 떠다니지 않도록 보호해줍니다.

성령이 우리에게 베풀어주는 은혜는 다음과 같은 아름다운 말로 표현됩니다. 소망은 "투구"(살전 5:8)이고, 온유함은 "값진 것"(벧전 3:4)이며, 사랑은 "온전하게 매는 띠"(골 3:14)입니다.

이처럼 성도들이 받은 은혜는 그들을 지켜주는 무기이고, 그들을 들어 올리는 날개이며, 그들을 부요하게 하는 보석이요, 그들에게서 향내를 풍겨나게 하는 향료입니다. 그리고 그들에게 광채를 더해주는 별이며, 그들에게 원기를 북돋워주는 강장제입니다. 그런데도 이러한 은혜를 선하지 않다고 할 수 있겠습니까! 이 은혜는 우리가 천국에 들어갈 수 있도록 보증해주는 증서입니다.

5. 하나님의 천사들도 성도들에게 선을 이룹니다.

선한 천사들은 하나님의 백성을 사랑합니다. "모든 천사들은 부리는 영으로서 구원 얻을 후사들을 위하여 섬기라고 보내심이 아니뇨"(히 1:14). 교부들 중에는 신자에게 수호 천사가 늘 붙어 다닌다고 생각한 사람들도 있었습니다. 물론 우리는 이 문제를 주제로 하여 논쟁을 벌일 필요는 없으며, 천사들이 성도들에게 유익을 가져다준다는 사실만 알면 될 것입니다.

선한 천사들은 살아있는 성도들을 섬깁니다. 예를 들어 가브리엘 천사는 동정녀 마리아를 위로하였으며(눅 1:28), 다니엘을 해치지 못하도록 사자들의 입을 봉했습니다(단 6:22). 이처럼 그리스도인의 주변에는 그를 보호해주는, 눈에 보이지 않는 천사가 있습니다. "저가 너를 위하여 그 사자들을 명하사 네 모든 길에 너를 지키게 하심이라"(시 91:11). 천사들은 성도들의 생명을 지켜줍니다. 그러므로 성도들은 천사들의 우두머리입니다. "그들은 부리는 영이 아니냐?" 가장 높은 천사들이 가장 낮은 성도들을 돌본다는 말입니다.

선한 천사들은 임종하는 성도들을 섬깁니다. 천사들은 병석에 누워있는 성도들을 위로해 줍니다. 하나님은 성령을 통해 우리를 위로하시는 것처럼, 천사들을 통해서도 위로해 주십니다. 십자가의 고통 속에서 신음하던 그리스도는 천사의 도움으로 원기를 되찾았습니다(눅 22:43). 이처럼 죽음의 고통 속에서 신음하는 신자들도 천사의 도움으로 원기를 회복하게 될 것이며, 성도들이 숨을 거둘 때 그들의 영혼은 천사들의 호송을 받아 하늘로 올리워질 것입니다(눅 16:22).

선한 천사들은 심판의 날에도 성도들을 섬길 것입니다. 천사들은 성도들이 하나님처럼 영광스런 몸을 입게 되는 날, 성도들의 무덤 문을 열고 그들을 그리스도에게로 이끌어갈 것입니다. "저가 천사들을 보내리니 저희가 그 택하신 자들을 하늘 이 끝에서 저 끝까지 사방에서 모으리라"(마 24:31). 심판 날에 천사들은 경건한 사람들을 모든 원수들의 손에서 건져낼 것입니다. 이제까지 성도들은 원수들에게 괴롭힘을 당해왔습니다. "악으로 선을 갚는 자들이 내가 선을 좇는 연고로 나를 대적하나이다"(시 38:20). 그러나 천사들은 조만간 하나님의 백성에게 안식을 주고 원수들로부터 그들을 구원해 낼 것입니다.

"가라지는 악한 자의 아들들이요, 가라지를 심은 원수는 마귀요, 추수 때는 세상 끝이요, 추숫군은 천사들이니, 그런즉 가라지를 거두어 불에 사르는 것같이 세상 끝에도 그러하리라. 인자가 그 천사들을 보내리니 저희가 그 나라에서 모든 넘어지게 하는 것과 또 불법을 행하는 자들을 거두어 내어 풀무불에 던져 넣으리니 거기서 울며 이를 갊이 있으리라"(마 13:38-42). 심판 날에 하나님의 천사들은 가라지인 악인을 모아 단으로 묶어 지옥 불에 던질 것이므로 경건한 사람은 더 이상 원수들 때문에 고통을 당하지 않을 것입니다. 이처럼 천사들은 경건한 사람에게 선을 이룹니다. 그만큼 신자가 존엄하고 귀한 존재이기 때문입니다. 따라서 하나님의 이름이 신자 위에 기록되어 있고(계 3:12), 성령이 그 사람 안에 거하며(딤후 1:14) 수호천사들이 그의 시중을 듭니다.

6. 성도들의 교제가 선을 이룹니다.

"너희 기쁨을 돕는 자가 되려 함이라"(고후 1:24). 그리스도인은 상대방의 신원을 확인하는 방법으로서 대화를 사용합니다. 아치를 이루고 있는 돌들이 서로를 지탱해 주듯이 그리스도인은 자기의 경험을 나눔으로써 상대방의 마음에 신앙의 불을 붙일 수 있습니다. "서로 돌아보아 사랑과 선행을 격려하며"(히 10:24). 따라서 그리스도인에게는 신앙적인 대화를 나누는 가운데 하나님의 은혜가 풍성히 임할 것입니다. 이처럼 그리스도인은 유익한 대화를 통해 상대방에게 기름을 떨어뜨려, 그의 신앙의 등불이 더 찬란하게 타 오르도록 만들 것입니다.

7. 그리스도의 중보도 선을 이룹니다.

그리스도는 이마에 금으로 된 표를 붙이고 은은한 향기를 풍기는 아론처럼 하늘에 계시며, 사도들을 위해 기도했던 것처럼 모든 신자들을 위해 기도하실 것입니다. "내가 비옵는 것은 이 사람들만 위함이 아니요 또 저희 말을 인하여 나를 믿는 사람들도 위함이니라"(요 17:20). 예수 그리스도께서는 믿음이 약해서 스스로 기도할 수 없는 그리스도인을 대신해서 기도하고 계십니다. 예수님의 기도 내용은 다음의 세 가지 사항입니다.

첫째, **성도들이 악에 빠지지 않게 해달라고 기도하십니다.** "내가 비옵는 것은 오직 악에 빠지지 않게 보전하시기를 위함이니이다."(요 17:15). 우리는 전염병이 돌고 있는 병동과도 같은 세상에서 살고 있습니다. 그리스도는 성도들이 오늘날 세상에 만연되어 있는 죄악에 물들지 않도록 해달라고 기도하십니다.

둘째, **성도들이 더욱 더 거룩하게 해달라고 기도하십니다.**
"저희를 거룩하게 하옵소서"(요 17:17). 그러므로 이제 그들은 성령의 끝없는 도움을 받고, 깨끗한 기름으로 부음을 받을 것입니다.

셋째, **그들의 영광을 위해 기도하십니다.** "아버지여 내게 주신 자도

나 있는 곳에 나와 함께 있기를 원하나이다"(요 17:24). 그리스도는 성도들을 품에 안을 때까지 만족하지 않으십니다. 그리스도께서 땅에서 드린 기도는 하늘에서 드린 기도를 그대로 본 뜬 것입니다. 사단이 우리를 유혹하고 있을 때, 그리스도께서 우리를 위해서 기도하신다는 사실이 얼마나 큰 위로가 됩니까! 그러므로 그리스도의 중보는 성도들에게 선을 이룹니다.

그리스도의 기도는 우리의 잘못된 기도를 가려내는 데 도움이 됩니다. 어린아이가 아버지에게 꽃다발을 한 아름 안겨드리고 싶어서 정원에 가서 꽃과 잡초들을 모아 어머니께 가져오면, 어머니는 그 중에서 잡초는 뽑아버리고 꽃만 묶어서 아버지께 드리는 것처럼, 우리가 기도를 드리면 그리스도께서 오셔서 잡초 곧 우리의 잘못된 기도는 뽑아버리고 그윽한 향기를 풍기는 꽃들만을 아버지께 드립니다.

8. 성도들의 기도가 경건한 사람에게 선을 이룹니다.

성도들이 그리스도의 신비한 몸인 교회의 모든 지체들을 위해 기도드리면, 그 기도는 큰 효험을 보게 됩니다.

첫째, **병이 낫습니다.** "믿음의 기도는 병든 자를 구원하리니 주께서 저를 일으키시리라"(약 5:15).

둘째, **원수들을 물리칠 수 있습니다.** "이 남아 있는 자들을 위하여 기도하라"(사 37:4). "여호와의 사자가 나가서 앗수르 진중에서 십팔만 오천 인을 쳤더라"(사 37:36).

셋째, **감옥에서 나오게 됩니다.** "베드로는 옥에 갇혔고 교회는 그를 위하여 간절히 하나님께 빌더라…… 홀연히 주의 사자가 곁에 서매 옥중에 광채가 조요하며 또 베드로의 옆구리를 쳐 깨워 가로되 급히 일어나라 하니 쇠사슬이 그 손에서 벗어지더라"(행 12:5-7). 베드로를 감옥에서 데리고 나온 것은 천사였지만, 그 천사를 불러온 것은 바로 기도였습니다.

넷째, **죄 사함을 받게 됩니다.** "내 종 욥이 너희를 위하여 기도할 것인즉 내가 그를 기쁘게 받으리라"(욥 42:8). 이와 같이 성도들의 기도는 교회에 유익이 됩니다. 하나님의 자녀가 이렇게 기도의 임무를 수행하는 것은 중대한 일입니다. 우리는 어느 곳에 있든지 다음과 같이 말할 수 있을 것입니다. "여기에 있어도 나는 기도의 힘을 입을 수 있다. 온 세상 사람들이 나를 위해 기도해 줄 테니까. 낙심하여 내 마음이 흔들릴 때 살아 있는 신앙을 지닌 사람들이 나를 위해 기도하고 있을 것이다." 이와 같이 좋은 일들이 하나님의 백성에게 선을 이룹니다.

제 2 장

나쁜 일들도 경건한 사람들에게 선을 이룹니다

나쁜 일들도 경건한 사람들에게 선을 이룬다는 필자의 말에 오해가 없기를 바랍니다. 필자의 말은 세상의 나쁜 일들 자체를 좋다고 하는 것이 아닙니다. 그것들은 저주의 결과임이 분명합니다. 그렇지만 그것들이 본래 악한 것이라 하더라도, 하나님의 지혜로운 손길에 의해 다스림을 받은 후에는 선한 일에 쓰이게 됩니다.

하나님은 상반되는 속성을 지닌 요소들을 잘 섞어 우주 만물의 조화를 이루셨습니다. 마치 시계의 톱니바퀴들이 서로 반대 방향으로 움직이는 것처럼 보이지만, 결국은 시계를 작동시키는데 똑같이 기여하고 있는 것과 같습니다. 이처럼 경건한 사람들에게 불행을 가져다주는 것처럼 보이는 일들도 하나님의 놀라운 섭리로 인해 그들에게 선을 이룹니다. 이제 이 나쁜 일들 중에서 하나님을 사랑하는 사람들에게 선을 이루는 네 가지의 악한 일들에 대하여 언급하겠습니다.

1. 시련이 경건한 사람들에게 선을 이룹니다.

곤경에 처해 괴로워하는 사람들의 마음을 가라앉도록 위로해 주는 성경의 내용은 다음과 같습니다.

첫째, **고난의 배후에 하나님이 계시다는 사실입니다.** "전능자가 나를 괴롭게 하셨도다"(룻 1:21). 도끼가 사람의 손에 쥐어져야 나무를 자를 수 있듯이, 도구들도 하나님의 위임을 받아야 움직일 수 있습니다. 욥은 시련을 당할 때 하나님을 바라보았습니다. 그래서 그는 "여호와께서 주신 것을 악마가 빼앗았다."고 말하지 않고 "여호와께서 취하셨다."고 말한 것입니다 우리에게 고통을 직접 가하는 사람이 누구든, 그 고통을 보내신 분은 하나님입니다.

둘째, **고난이 선을 이룬다는 사실입니다.** "내가 이곳에서 옮겨 갈대아인의 땅에 이르게 한 유다 포로들이 좋은 무화과 같이 보아 좋게 할 것이라"(렘 24:5). 즉 유다가 바벨론에서 포로 생활을 한 것이 그들에게 유익이 되었다는 말입니다. "고난당한 것이 내게 유익이라"(시 119:71). 모세가 지팡이를 던져 고통의 쓴 물을 단 물로 바꾼 것처럼, 이 본문도 고난의 쓴 물을 달고, 건강에 좋은 물로 만들어줄 것입니다. 이처럼 경건한 사람에게는 고난도 약이 됩니다. 하나님은 독약에서 우리의 구원을 추출해 내십니다. 그러므로 시련도 율법만큼이나 우리의 구원에 필요한 것입니다(벧전 1:6). 불로 연단하지 않으면 금 그릇이 만들어질 수 없듯이, 우리도 시련이라는 용광로 속에서 용해되어 정련되지 않고는 영광스런 그릇이 될 수 없습니다. "여호와의 모든 길은 인자와 진리로다"(시 25:10). 화가가 밝은 색과 어두운 색을 혼합하여 그림을 그리듯이, 지혜로운 하나님도 심판과 자비를 섞어 섭리하십니다.

따라서 우리에게 손해를 끼치는 것처럼 여겨지는, 고통에 찬 하나님의 섭리가 실제로 우리에게는 유익이 됩니다. 이제 성경의 예들을 몇 가지 살펴보기로 합시다. 요셉의 형들은 그를 구덩이에 던졌다가 후에 팔아버렸습니다. 그의 시련은 거기서 끝나지 않고, 그는 마침내 감옥에 갇히기까지 하였습니다. 그러나 이 모든 시련은 그에게 유익을 가져다주었습니다. 그가 당한 굴욕은 출세의 밑거름이 되었습니다. 그는 마침내 애굽에서 두 번째로 높은 지위에 오르게 되었던 것입니다. "당신들은 나를 해하려 하였으나 하나님은 그것을 선으로 바꾸셨나이다"(창 50:20).

야곱은 천사와 씨름하다가 환도뼈에 골절상을 입었습니다. 참으로 가슴 아픈 일이 아닐 수 없습니다. 그러나 하나님은 이 사건을 전화위복의 계기로 삼아, 그 자리에서 그에게 자신의 얼굴을 보여주고 그를 축복하셨습니다. "야곱이 그곳 이름을 브니엘이라 하였으니 그가 이르기를 내가 하나님과 대면하여 보았으나 내 생명이 보전되었다 함이더라"(창 32:30). 하나님의 얼굴을 볼 수 있는데 누가 골절상인들 마다하겠습니까?

므낫세 왕은 사슬에 묶이는 신세가 되었습니다. 금관을 쓰고 있던 왕이 족쇄를 차게 되었으니 얼마나 애통한 일입니까! 그러나 그의 고난이 그에게 유익이 되었습니다. "제가 환난을 당하여 그 하나님 여호와께 간구하고 그 열조의 하나님 앞에 크게 겸비하여 기도한 고로 하나님이 그 간구를 들으시니라"(대하 33:12).

이처럼 그는 왕위에 있을 때보다 쇠사슬에 묶여 있을 때, 하나님으로

부터 더 큰 은혜를 얻었습니다. 왕관이 그를 교만하게 만들었다면, 쇠사슬은 그를 겸손하게 만들었던 것입니다. 욥은 차마 눈뜨고 볼 수 없을 만큼 큰 불행을 당했습니다. 그는 이전에 소유하던 모든 것을 잃고 말았습니다. 그에게 남은 것이라고는 우글거리는 종기와 부스럼뿐이었습니다. 이 얼마나 슬픈 일입니까! 그러나 화가 변하여 복이 되었습니다. 그는 이 고난을 통해 하나님께서 자기에게 은혜를 베풀어 주신다는 사실을 깨달았을 뿐만 아니라, 하나님으로부터 더 큰 은혜를 받았던 것입니다.

하늘에 계신 하나님께서 그의 의로움을 인정하시고 그가 이전에 소유하던 것의 두 배로 그의 손실을 채워주셨습니다(욥 42:10).

바울은 잠시 장님이 되는 고통을 당했습니다. 참으로 괴로운 일이었지만, 이 시련이 변하여 그에게 유익이 되었습니다. 하나님은 그의 눈을 멀게 하여 그의 영혼에 은혜의 빛을 비춰주셨던 것입니다. 이 시련은 위대한 회심의 시작이 되었습니다(행 9:6).

겨울의 혹독한 추위가 물러가면 꽃이 만발하는 봄이 오듯이, 그리고 밤이 지나면 샛별이 떠오르듯이, 인간을 고통스럽게 하는 시련들도 하나님을 사랑하는 이들에게는 결국 유익이 됩니다. 그러나 우리는 이 진리를 의심하면서 마리아가 천사에게 물었던 것처럼 "어떻게 이런 일이 있을 수 있습니까?" 하고 묻곤 합니다. 그래서 저는 고난이 선을 이루는 몇 가지 이유를 제시해 보고자 합니다.

(1) 시련은 우리를 훈계하고 가르치는 스승이기 때문입니다. "너희는 매를 순히 받으라"(미 6:9). 루터는 자기가 시련을 당하기 전에는 시편 말씀을 제대로 이해하지 못했다고 고백한 바 있습니다. 이처럼 우리도 시련을 당해보아야 죄가 무엇인지를 깨닫게 됩니다. 설교

말씀을 통해서 우리는 죄가 우리를 더럽히고 파멸시키는 참으로 무시무시한 것이라는 말을 듣지만, 우리는 그림 호랑이를 보듯 죄를 전혀 두려워하지 않습니다. 그래서 하나님은 우리에게 고통을 가하십니다. 고통을 당해본 사람은 죄의 결과가 얼마나 괴로운 것인지를 깨닫게 됩니다. 죄를 깨닫는 데에는 설교 말씀보다 질병이 더 효과적일 경우가 많습니다.

시련이라는 안경을 쓰고 볼 때, 죄의 추악한 모습이 가장 선명하게 보이기 때문입니다. 그리고 시련을 당해보아야 우리가 어떤 존재인지를 깨닫게 됩니다. 만사가 형통할 때 자신을 돌아보는 사람은 거의 없습니다. 그래서 하나님은 우리가 자신을 깨달을 수 있도록 우리에게 시련을 안겨주시는 것입니다. 우리는 시련을 당하고 나서야 우리의 심령이 상상도 할 수 없을 만큼 타락했음을 깨닫게 됩니다. 더러운 물도 유리잔 속에 들어있을 때에는 깨끗해 보이지만, 불에 올려놓고 끓이면 거품이 일게 마련입니다. 이처럼 믿음이 약한 사람은 모든 일이 순조롭게 풀릴 때에는 하나님께 감사를 드리며 겸손한 척 꾸밀 수 있지만, 시련의 불이 가해지면 거품을 일으킵니다.

다시 말해서 시련이 닥치면 안절부절 못하고 초조해하다가 급기야 하나님을 의심하게 된다는 말입니다. 그리고 나서는 이렇게 말할 것입니다. "아, 지금까지 내가 이토록 나쁜 사람이라고는 꿈에도 생각하지 못했어. 내 마음이 이렇게 타락하고, 내가 받은 은사가 이렇게 보잘 것 없을 줄은 정말 몰랐어."

(2) 시련은 우리의 마음을 바르게 펴주는 수단이 되기 때문입니다. 만사형통할 때 우리는 두 마음을 품기 쉽습니다(호 10:2). 마음의 절반은 하나님께 두고, 나머지 절반은 세상에 둔다는 말입니다. 그

마음은 두 자석 사이에서 이리 붙었다 저리 붙었다 갈피를 잡지 못하는 바늘처럼 하나님과 세상 사이에서 우왕좌왕합니다. 그러므로 하나님은 우리가 마음을 온전히 하나님께 두도록 하기 위해 우리 마음으로부터 이 세상을 제거하십니다.

다시 말해서 마음을 바르게 정하도록 우리를 징계하신다는 말입니다. 우리가 구부러진 막대기를 불 위에 올려놓고 곧게 펴듯이, 하나님도 우리를 시련의 불 위에 올려놓고 곧게 펴십니다. 죄로 말미암아 하나님과 반대편으로 구부러진 우리의 영혼을 시련이 다시 곧게 펴준다면 이 얼마나 좋은 일이겠습니까!

(3) 시련은 그리스도를 본받도록 우리를 이끌어주기 때문입니다. 하나님의 지팡이는 우리의 마음속에 그리스도의 모습을 생생하게 그려주는 연필입니다. 머리와 지체가 조화와 균형을 이루는 일보다 더 좋은 일은 없을 것입니다.

그리스도의 신비한 몸의 지체가 되고 싶다고 하면서 그리스도를 닮으려고 하지 않는다면 될 법이나 한 일이겠습니까? 칼빈이 말한 것처럼 그리스도의 생애는 고난의 연속이었습니다. 그는 "간고를 많이 겪었으며 질고를 아는 자" 였습니다(사 53:3). 그는 피눈물을 흘리셨습니다. 그리스도께서는 머리에 가시 면류관을 쓰셨는데, 우리는 오히려 장미꽃 화관을 쓸 생각을 하고 있지 않습니까? 그리스도를 본받으면 고난이 닥친다 하더라도, 우리는 그렇게 해야 합니다. 예수 그리스도께서는 쓴 잔을 마셨습니다. 우리는 그 일을 생각할 때마다 피로 뒤범벅된 땀방울이 흘러내리던 그의 모습이 생각납니다.

이처럼 그리스도께서 하나님의 진노의 잔에 들어있는 독약을 마신 것은 사실이지만, 우리가 마셔야 할 쓴 물은 아직 잔에 남아 있습니다. 바로 이것이 그리스도의 고난과 우리의 고난의 차이점일 것입니다. 즉 그리스도의 고난이 모든 인간들의 죄의 삯을 지불하기에 충분했다면, 우리의 고난은 우리 자신의 죄에 대한 마땅한 보응일 것입니다.

(4) 시련은 죄를 멸하기 때문입니다. 죄가 어머니라면 시련은 죄의 딸입니다. 그런데 그 딸이 어머니를 죽이는 데 도움이 된다는 말입니다. 죄가 벌레를 키우는 나무라면 시련은 그 나무를 갉아먹고 사는 벌레입니다. 아무리 믿음이 좋은 사람이라 하더라도 경우에 따라서 죄를 범할 수 있습니다. 불이 금에 붙은 불순물을 쓸어내듯이, 시련은 서서히 우리의 죄를 씻어냅니다. "그 죄 없이 함을 얻을 결과는 이로 인하느니라"(사 27:9). 녹만 제거할 수 있다면 아무리 거친 줄을 사용한들 무슨 상관이겠습니까! 시련은 더러운 죄만을 제거할 뿐입니다.

의사가 환자에게 "당신의 몸은 지금 병이 들어 나쁜 피로 가득 차있습니다. 그 병을 그대로 두면 당신은 죽고 맙니다. 제가 약을 지어드릴테니 아무리 써도 드셔야 합니다. 그 약만 먹으면 당신의 병은 씻은 듯이 낫고 목숨을 건질 수 있습니다"라고 말했다고 합시다. 이 말을 들은 환자는 기뻐하지 않겠습니까?

이처럼 시련은 하나님께서 우리의 영적인 질병을 고치기 위해 사용하시는 약입니다. 시련은 우리가 앓고 있는 교만이라는 종기와 정욕이라는 열병, 그리고 탐욕이라는 부스럼을 치료해 줍니다. 그런데도 시련이 우리에게 유익하지 않다고 말할 수 있겠습니까?

(5) 시련은 세상으로부터 우리의 마음을 떼어내는 수단이기 때문입니다. 흙에서 나무뿌리를 파내면 나무가 흙에서 떨어져 나오듯이, 하나님께서 우리의 세속적인 평안을 파내면 결국 우리의 마음

이 세상으로부터 떨어져 나오게 됩니다. 가시도 꽃들처럼 자라납니다. 그러나 하나님께서 가시와도 같은 이 세상을 마치 흔들리는 이처럼 대롱대롱 매달아 놓으셨기 때문에 그것을 잡아당겨도 우리는 전혀 고통을 느끼지 않습니다. 앓던 이와도 같은 이 세상을 우리 마음으로부터 빼낸다고 생각해 보십시오. 얼마나 시원하겠습니까? 아무리 믿음이 좋은 성도라 하더라도 이 세상에 발붙이고 사는 이상, 그들의 마음으로부터 세상을 떼어내 줄 시련이 필요한 것입니다. 세상으로 가는 통로가 "우리의 모든 근원"(시 87:7)이신 하나님께로 가는 길을 막지 않는다면 하나님께서 왜 그것을 굳이 깨뜨리시겠습니까?

(6) 시련은 우리를 위로해주기 때문입니다. "아골 골짜기로 소망의 문을 삼아 주리라"(호 2:15). 아골 골짜기는 고난을 상징합니다. 하나님은 마음의 평안으로 외적인 고통을 가라앉혀 주십니다. "너희 근심이 도리어 기쁨이 되리라"(요 16:20). 이것은 물이 변하여 포도주가 된 것과 같은 이치입니다. 하나님은 우리에게 쓴 약을 먼저 주신 다음 설탕을 먹여 주십니다. 바울은 옥에 갇혀서도 찬송을 불렀습니다. 하나님의 막대기 끝에는 꿀이 묻어 있습니다. 믿음의 선배들은 하늘의 가나안 땅에 들어왔다는 생각으로 즐거워하면서 시련을 극복했습니다.

(7) 시련은 우리를 존귀하게 만들기 때문입니다. "사람이 무엇이관대 주께서 크게 여기사 그에게 마음을 두시고 아침마다 권징하시며 분초마다 시험하시나이까"(욥 7:17,18). 하나님께서 시련을 통해 우리를 존귀케 하셨다는 사실은 다음의 세 가지 점에서 드러납니다.

첫째, **하나님은 우리와 같은 위치로 내려오셔서 우리를 돌보아 주셨습니다.** 하나님께서 티끌과도 같은 우리를 돌보아 주신다는 것은 우리에게 더없는 영광입니다. 하나님께서 우리를 쳐서라도 가르칠만한 가치가 있다고 생각하시는 것은 그만큼 우리를 존귀하게 여기신다는 증거입니다. 반면에 하나님께서 더 이상 매를 대지 않는다면, 그것은 때릴 만한 가치도 없다고 생각하셨기 때문입니다. "너희가 어찌하여 매를 더 맞으려고 더욱 패역하느냐"(사 1:5). 그런데 매를 맞고서도 계속 죄를 범한다면, 그 죄로 말미암아 결국 지옥으로 떨어지고 말 것입니다.

둘째, 시련은 영광의 상징이요, 우리가 하나님의 아들이라는 징표입니다. "너희가 참음은 징계를 받기 위함이라 하나님이 아들과 같이 너희를 대우하시나니 어찌 아비가 징계하지 않는 아들이 있으리요"(히 12:7). 매 맞은 자국은 영예의 상징입니다.

셋째, 시련을 당한 사람은 세상에서 큰 명성을 얻습니다. 군인이 전쟁에서 이기고 돌아와서 얻은 명성도, 성도가 고난을 이기고 얻은 명성에 비하면 하찮은 것입니다. 믿음을 지키다가 순교한 성도들의 이름은 자손대대로 전해져 내려오고 있습니다. 욥은 시련을 참고 견뎌낸 인물로 유명하지 않습니까! 하나님은 그의 이름을 기록으로 남기셨습니다. "너희가 욥의 인내를 들었느니라"(약 5:11). 정복자 알렉산더를 모르는 사람은 많아도 고난을 이겨낸 욥을 모르는 사람은 많지 않을 것입니다.

(8) 시련은 우리를 행복하게 만드는 수단이 되기 때문입니다. "하나님께 징계받는 자는 복이 있도다"(욥 5:17). 일찍이 정치가나 도덕론자 가운데 십자가의 고통 속에서 행복하다고 말한 사람이 과연 있었습니까? 없었습니다. 그러나 욥은 고통 속에서 행복을 느꼈습니다. "하나님께 징계받는 자는 복이 있도다." 어떻게 시련이 우리에게 행복을 가져다줄 수 있느냐고 묻는 분도 있을 것입니다. 그 질문에 대해 필자는 시련이 우리를 깨끗이 씻은 다음 하나님께로 데려가기 때문이라고

대답하겠습니다.

 달이 만월일 때 태양과의 거리가 가장 멀듯이, 우리도 행복으로 가득 차 있을 때에는 하나님을 멀리하게 됩니다. 그러나 시련을 당할 때에는 하나님께 다가갑니다. 하나님께서 자비를 베풀어 주실 때에는 아무런 반응을 보이지 않던 사람도 시련의 줄에 매이게 되면 하나님을 찾는 법입니다. 압살롬은 요압이 불러도 오지 않자, 그의 밭에 불을 놓았습니다. 그제서야 그는 압살롬에게 달려왔습니다(삼하 14:30).

 이처럼 우리도 하나님의 부르심을 듣지 않다가, 하나님께서 세상적인 평안에 불을 놓으면 그제야 달려와서 하나님과 화평을 맺으려고 합니다. 탕자는 궁하게 되자, 아버지가 계신 집으로 돌아왔습니다(눅 15:13). 방주에서 나간 비둘기는 발붙일 곳을 찾지 못하자 방주로 날아왔습니다. 이와 같이 하나님께서 우리에게 시련의 홍수를 쏟아부으시면, 우리도 그리스도의 방주로 날아들 수 있을 것입니다. 따라서 시련은 우리를 하나님께로 인도함으로써 우리에게 행복을 가져다줍니다. 이때 믿음은 더 빨리 그리스도께로 헤엄쳐 가도록 시련의 물을 이용할 수 있습니다.

(9) 시련은 악한 자를 침묵시키기 때문입니다. 악한 자들은 믿는 사람들을 비방하여, 자기 자신의 유익함 때문에 하나님을 섬기는 것이라고 말하곤 합니다. 그러므로 하나님은 악한 자의 거짓말하는 입술에 자물쇠를 채우기 위해 자기 백성들에게 신앙의 시련을 안겨주시는 것입니다.

 이 세상의 무신론자들은 신앙인이 사리사욕 때문이 아니라, 사랑 때문에 하나님을 섬긴다는 사실을 깨닫고는 입을 다물 수밖에 없습니다. 사단은 욥이 돈 때문에 하나님을 섬기는 것이라고 참소하며 비방했습니다. 즉 그의 신앙의 궁극적인 목적은 금과 은을 얻는 것이라고 말한 것입니다. "욥이 어찌 까닭 없이 하나님을 경외하리이까 주께서 그와 그 집과 그 모든 소유물을 산울로 두르심이 아니니이까"라고 사단이 말하자 하나님께서 "내가 그의 소유물을 다 네 손에 붙이노라."고 말씀하셨습니다(욥 1:9,12). 사단은 하나님의 위임을 받자 욥의 울타리를 꺾어버렸습니다. 그래도 욥은 여전히 하나님께 경배하고(1:20) 하나님에 대한 신앙을 고백했습니다. "그가 나를 죽이실지라도 나는 그를 의뢰하리라"(욥 13:15). 이 말을 듣고 사단은 할 말을 잃었습니다. 악한 자들은 경건한 사람이 고난 가운데서 하나님께 더 가까이 다가가며 모든 것을 잃고도 믿음을 굳게 잡는 것을 보고는 놀라서 기가 질리고 말 것입니다.

(10) 시련은 영광을 이루기 때문입니다(고후 4:17). 시련은 영광을 받을 만한 것은 아니지만, 영광을 예비해줍니다. 밭을 일군 사람만이 곡식을 거둬들일 수 있듯이, 시련을 당한 사람만이 영광을 얻을 수 있습니다. 화가가 황금빛 색상을 칠할 때 어두운 색을 바탕색으로 쓰듯이, 하나님도 영광이라는 황금빛 색상을 칠하기에 앞서 시련이라는 어두운 색상을 바탕색으로 사용하십니다.

또한 포도주를 따르기 전에는 먼저 그릇을 잘 닦아야 합니다. 자비의 그릇을 시련으로 잘 닦은 다음에 영광의 포도주를 담아야 합니다. 그러므로 성도들에게 있어서 시련은 나쁜 것이 아니라 유익한 것입니다. 우리는 시련을 나쁘게 여기지 말고 좋게 받아들여야 합니다. 다시 말해서 구름의 어두운 면만 보지 말고 밝은 면을 보아야 하겠습니다. 하나님께서 우리에게 하시는 일이면 그것이 아무리 나쁜 일이라 하더라도 결국 우리에게 선을 이룰 것입니다.

2. 나쁜 유혹도 경건한 사람들에게는 선하게 이용될 수 있습니다

나쁜 유혹도 선을 이룹니다. 사단은 유혹하는 자입니다(막 4:15). 사단은 항상 숨어 있다가 기회만 오면 언제든지 성도들에게 달려듭니다. 사단은 제한된 구역에서 매일 이리저리 돌아다닙니다. 즉 사단은 지금 감옥 속에 갇혀 있지 않고, 보석 중인 죄수처럼 성도들을 유혹하려고 주위를 배회하고 있습니다. 그러므로 하나님의 자녀에게 있어서 이 사단은 큰 훼방꾼이 아닐 수 없습니다.

이제 사단의 유혹과 관련된 다음의 세 가지 사항을 살펴보기로 합시다. (1) 사단의 유혹 방법 (2) 사단의 능력이 미치는 범위 (3) 사단의 유혹도 선하게 이용될 수 있다는 사실.

(1) 사단의 유혹 방법

① 사단이 성도들을 유혹하기 위해 사용하는 방법은 크게 두 가지입니다.

첫째, **저돌적인 방법** : 성경은 사단을 가리켜 붉은 용이라고 합니다. 그는 우리의 마음의 성을 급습하여 참람한 생각을 집어넣고 하나님을 부인하도록 유혹합니다. 이것들이 바로 사단이 쏘는 불화살입니다. 사단은 이 화살을 쏘아 인간의 욕정에 불을 지릅니다.

둘째, **교묘한 방법** : 성경은 사단을 가리켜 옛 뱀이라고 합니다. 사단이 사용하는 교묘한 방법에는 다섯 가지가 있습니다. 유혹할 대상의 기질과 체질을 잘 살피고 있다가 적당한 미끼를 던져서 유혹합니다. 사단은 마치 농부처럼 어떤 토양에서 어떤 곡식이 잘 자라는지를 알아둡니다. 사단은 천부적인 기질이나 체질에 어긋나는 방식으로 유혹하지 않습니다. 사단은 바람과 조수를 모두 사용합니다. 우리 마음에 자연적인 조수가 흘러가면 거기에 유혹의 바람을 불어넣습니다. 사단이 사람들의 생각을 알지는 못하지만, 그의 기질을 알고 있기 때문에, 그것에 알맞은 덫을 놓습니다. 예를 들어 야심이 많은 사람은 왕관으로 유혹하고 낭만적인 사람은 아름다움으로 유혹합니다.

② 사단은 유혹하기에 가장 적당한 시기를 노립니다. 노련한 낚시꾼은 물고기가 가장 잘 잡히는 시간을 택해서 낚시를 던집니다. 이처럼 사단도 대체로 때를 정해놓고 성도들을 유혹합니다. 그 이유는 우리를 가장 확실하게 잡을 수 있는 때를 알고 있기 때문입니다. 우리는 종교적인 임무를 수행하고 난 다음에는 할 일을 다 했다고 생각하기 쉽습니다. 그래서 게으름을 부리고 이전처럼 열심을 내지 않곤 합니다. 군인이 전쟁이 끝난 후, 원수가 다시 쳐들어오리라고는 꿈에도 생각하지 않기 때문에 갑옷을 벗어버리듯이, 사단은 우리가 경계심을 풀 때를 기다렸다가 우리를 유혹합니다.

③ 사단은 가까운 사람을 이용합니다. 사단은 다른 사람을 통해서 우리를 유혹합니다. 예를 들어, 욥을 유혹할 때 그의 아내를 이용했습니다. "당신이 그래도 자기의 순전을 굳게 지키느뇨"(욥 2:9). 그의 아내가 그를 유혹하는 사단의 도구가 된 것입니다.

④ 사단은 선한 사람들을 이용하여 성도들을 유혹합니다. 황금 컵에 독약을 집어넣는다는 말입니다. 예를 들어 사단은 그리스도를 유혹할 때 베드로를 이용했습니다. 베드로는 그리스도에게 고난을 피하라고 만류했습니다. "주여, 그리 마옵소서!" 사도의 입에서 이런 유혹의 말이 나오리라고 누가 상상인들 했겠습니까?

⑤ 사단은 믿음을 가장하여 유혹합니다. 사단은 빛의 천사로 가장할 때가 가장 무섭다고 합니다. 사단은 그리스도께 와서 성경말씀을 인용

하여 "기록되었으되"라고 말합니다. 이처럼 사단은 낚싯바늘에 믿음을 미끼로 매답니다. 그는 가족을 부양해야 한다는 미명하에 탐욕과 사기의 죄를 저지르도록 많은 사람들을 유혹해 왔으며, 하나님께 더 이상 죄를 짓지 않기 위해 자살하도록 유혹하기도 합니다. 이처럼 그는 죄를 피한다는 미명하에 또 다른 죄를 짓도록 유혹합니다. 이상의 것들이 성도들을 유혹하기 위해 사용하는 사단의 교묘한 계략입니다.

(2) 사단의 유혹이 미치는 범위

① 사단은 목표물을 제안할 수 있습니다. 그가 아간 앞에 황금이라는 쐐기를 박았듯이 말입니다.

② 사단은 우리가 좋아하는 것에 독을 넣고 우리의 마음 속에 나쁜 생각을 심어 놓습니다. 성령이 우리에게 좋은 생각을 불어넣어 준다면, 사단은 나쁜 생각을 불어넣어 줍니다. 사단은 유다의 마음속에 그리스도를 배신할 생각을 넣어 주었습니다(요 13:2).

③ 사단은 우리의 마음을 부패하게 만들어 유혹을 받아들이도록 유도합니다. 사단은 사람들에게 자기의 뜻을 따르도록 강요하지는 못하지만, 계속 졸라대면서 열심히 유혹하다 보면 그의 유혹에 넘어가 악한 짓을 저지르는 사람이 생겨나게 됩니다. 사단의 부추김을 받아 다윗은 이스라엘을 계수하였습니다(대상 21:1). 사단은 교묘한 논리를 통해 우리로 하여금 죄를 짓도록 몰아댑니다.

(3) 이러한 유혹들도 하나님의 자녀에게 선을 이룰 수 있습니다. 바람을 맞고 자란 나무는 뿌리가 깊어서 쉽게 뽑히지 않습니다. 이처럼 유혹은 그리스도인을 더 큰 은혜에 뿌리내리도록 합니다. 유혹이 선을 이루는 이유는 여덟 가지가 있습니다.

① 유혹은 사람들에게 기도할 수 있는 계기를 마련해 주기 때문입니다. 사단이 우리를 유혹하면 할수록 우리는 더욱 더 열심히 하나님께 기도하게 됩니다. 화살 맞은 사슴이 더 빨리 물가로 달려가듯이, 사단이 쏜 불화살을 맞은 영혼은 더 빨리 은혜의 보좌로 달려갑니다. 바울은 자기를 치려고 사단의 사자가 임한 것을 보고는 "이것이 내게서 떠나기 위하여 내가 세 번 주께 간구하였노라."(고후 12:8)고 말했습니다. 유혹은 우리의 목숨을 구해주는 약입니다. 유혹은 우리에게 더 열심히 기도할 수 있는 계기를 만들어주기 때문에 선을 이룹니다.

② 유혹은 죄를 막아주는 수단이 되기 때문입니다. 하나님의 자녀는 유혹을 받으면 받을수록, 그 유혹을 물리치려고 더 열심히 싸웁니다. 사단이 하나님을 모독하라고 유혹하면 할수록, 성도는 그런 생각을 더욱 더 무서워하여 "사단아 물러가라"고 외칩니다. 보디발의 아내가 요셉에게 동침하자고 유혹하였을 때, 요셉은 그 유혹을 물리쳤습니다. 그녀의 유혹이 강하면 강할수록 그의 저항도 더욱 완강했습니다. 이처럼 사단이 죄의 자극제로 이용하는 유혹을, 하나님은 죄를 차단시키는 굴레로 만드십니다.

③ 유혹은 교만한 마음을 갖지 않도록 해주기 때문입니다. "너무 자고하지 않게 하시려고 내 육체에 가시 곧 사단의 가시를 주셨느니라"(고후12:7). 몸의 가시가 교만으로 부풀어 오른 마음을 찔러주었던 것입니다. 그러므로 우리를 교만하게 만드는 특권보다, 우리를 겸손하게 해주는 유혹이 우리에게 더 큰 유익이 됩니다. 따라서 그리스도인은 하나님을 무시하는 교만한 마음을 갖기보다는 차라리 잠시 동안 사단의 유혹을 받아 종양을 치료하는 것이 더 낫습니다.

④ 유혹은 마음속에 들어있는 생각을 시험하는 시금석이 되기 때문입니다. 사단은 하나님을 배반하도록 우리를 유혹하지만, 하나님은 유혹

을 당하여 우리 자신을 시험하도록 내버려두십니다. 유혹은 하나님에 대한 우리의 믿음을 시험합니다. 그리스도만을 믿고 사랑하는 사람은 유혹에 결연히 맞서서 등을 돌릴 수 있다고 말합니다.

또한 유혹은 우리의 용기를 시험합니다. "에브라임은 어리석은 비둘기같이 지혜가 없도다"(호 77:11). 이처럼 지혜가 없는 사람, 즉 유혹을 물리칠 지혜가 없는 사람이 많습니다. 그들은 사단이 오자마자 곧 항복하고 맙니다. 도둑이 다가오자마자 저항 한번 제대로 해보지 못하고 금방 지갑을 내주는 소심한 사람처럼 말입니다. 그러나 용기 있는 사람은 사단에 대항하여 성령의 검을 휘두르며, 굴복하느니 차라리 죽음을 택하겠다고 생각할 것입니다. 로마 역사상 그들이 카르타고 군대의 공격을 받았을 때보다 더 용감했던 적은 없었습니다. 성도들의 경우도 붉은 용과 싸워 믿음의 권세로 사단을 물리치는 전투장에서보다 더 큰 용기와 힘을 발휘할 곳도 없습니다. 이러한 은혜를 받은 성도는 시험을 거친 금과 같아서 극심한 고난도 참고 견딜 수 있고 불화살도 물리칠 수 있습니다.

⑤ 하나님께서 유혹받은 사람들로 하여금 그와 똑같은 곤경에 처해 있는 이웃을 위로하도록 하시기 때문입니다. 사단과 싸워본 사람만이 지쳐있는 사람에게 위로의 말을 해줄 수 있습니다.

사도 바울은 사단의 유혹을 잘 알고 있었습니다. "우리가 그 궤계를 알지 못하는 바가 아니로다"(고후 2:11). 그래서 그는 다른 사람들에게도 사단의 사악한 계략을 일깨워줄 수 있었습니다(고전 10:13). 곳곳에 늪과 소택지가 도사리고 있는 곳을 지나가 본 사람만이 사람들을 가장 잘 인도할 수 있습니다. 그리고 포효하는 사자의 발에 할퀴어 상처를 입고 피를 흘려본 사람만이 유혹을 받은 사람들을 가장 잘 다룰 수 있습니다. 또한 유혹의 검술 도장에 오래 있었던 사람만큼 사단의 술책과 계략을 간파해낼 수 있는 사람도 없습니다.

⑥ 유혹은 성도들에 대한 하나님의 부성애를 자극하기 때문입니다. 아버지는 자식이 병들고 상처 입었을 때 가장 큰 관심을 보입니다. 이처럼 성도가 유혹에 상처를 입고 누워있으면 그리스도는 그를 위해 기도하고 하나님 아버지께서는 그를 불쌍히 여기십니다. 사단이 우리의 심령에 열병을 가져오면, 하나님은 강장제를 가지고 오십니다. 그래서 루터는 유혹을 받으면 그리스도의 품에 안길 수 있다고 말한 것입니다. 왜냐하면 그리스도는 유혹을 받은 영혼에게 매우 다정한 모습으로 나타나시기 때문입니다.

⑦ 유혹은 그리스도의 힘을 약속하기 때문입니다. 그리스도는 우리의 친구이십니다. 그래서 우리가 유혹을 받으면, 힘을 다해 우리를 도와주십니다. "자기가 시험을 받아 고난을 당하셨은즉 시험 받는 자들을 능히 도우시느니라"(히 2:18). 만일 영혼이 지옥의 골리앗과 혼자 싸운다면, 그는 틀림없이 정복당하고 말 것입니다. 그러나 예수 그리스도께서 우리에게 힘을 주시고 새로운 은혜를 내려주십니다. "이 모든 일에 우리를 사랑하시는 이로 말미암아 우리가 넉넉히 이기느니라"(롬 8:37). 이처럼 유혹도 성도에게 선을 이룹니다.

| **질문** | 그러나 사단이 하나님의 자녀를 넘어뜨리는 경우도 있습니다. 그런데 어떻게 선을 이룬다는 말입니까?

| **대답** | 필자는 하나님의 은혜보다 유혹이 더 강하게 끌어당겨 성도가 넘어질 수도 있다는 사실을 인정합니다. 그러나 이와 같이 유혹에 넘어지는 것도 결국 성도에게 선을 이룰 것입니다. 성도가 넘어진 것을 보고, 하나님은 더 큰 은혜를 내려주시기 때문입니다. 베드로는 사단의 유혹에 넘어가 자기를 과신하고 자기의 힘을 남용했습니다. 그가 곤경에

처하자 그리스도는 그를 넘어지도록 내버려두셨습니다. 그러나 그 일도 결국 그에게 유익이 되었습니다. 그 일로 말미암아 그는 많은 눈물을 흘리게 되었기 때문입니다. "밖에 나가서 심히 통곡하니라"(마 26:75). 그러고 나서 그는 매사에 조심하게 되었습니다. 그리하여 그는 다른 사도들보다 더 그리스도를 사랑한다는 말을 할 수 없게 되었습니다.

"네가 이 사람들보다 나를 더 사랑하느냐?"(요 21:15). 그는 그렇다고 대답할 수가 없었습니다. 그는 유혹에 넘어갔기 때문에 자만의 목도 꺾이고 말았습니다. 유혹에 넘어가본 하나님의 자녀는 이전보다 더 신중하고 조심스런 태도를 취할 것입니다. 비록 그가 과거에는 사단의 꾀임에 넘어가 죄를 범했지만, 앞으로는 더욱 신중을 기할 것입니다. 그는 사자의 우리 안으로 들어오는 것에 대해 더욱 조심할 것입니다. 그는 죄의 원인을 더 부끄러워하고 두려워할 것입니다. 그는 영적인 갑옷을 벗어두고 밖으로 나가는 일이 절대 없을 것이며, 기도로 무장을 할 것입니다. 그는 자기가 지금 경사진 길을 걸어가고 있음을 압니다. 그래서 신중하게 발을 내딛습니다. 그는 자기의 영혼을 늘 감시하고 있다가 사단이 오는 것을 보고, 무기를 들고 믿음의 능력을 발휘합니다(엡 6:16).

이상의 것들이 사단이 끼칠 수 있는 해악입니다. 사단은 성도를 유혹하여 넘어뜨린 다음 그의 부주의함을 후회하도록 만듭니다. 결국 그는 성도들로 하여금 더 조심스럽게 행동하고 더 열심히 기도하도록 만듭니다. 야수들이 울타리를 넘어와서 곡식을 갉아먹게 되면, 밭의 주인은 울타리를 더 튼튼하게 고칠 것입니다. 이처럼 사단이 유혹을 가지고 울타리를 넘어오면, 그리스도인은 틀림없이 벽을 튼튼하게 수선할 것입니다. 즉 그는 죄를 더욱 두려워하고 의무를 더 소중히 여길 것입니다. 이처럼 유혹을 받아 최악의 사태에 이르는 것도 결국 성도들에게 선을 이루는 것입니다.

| **반론** | 그러나 유혹에 넘어가는 것도 결국 선을 이루게 된다면, 유혹에 넘어가든 넘어가지 않든 상관없이 선을 이루게 되므로 그리스도인은 부주의해지고 말 것이 아닙니까?

| **대답** | 유혹에 빠지는 것과 유혹에 뛰어드는 것에는 큰 차이가 있습니다. 즉 유혹에 빠지는 것은 선을 이룰 수 있어도, 유혹에 뛰어드는 것은 그렇지 못합니다. 강물에 빠진 사람은 다른 사람의 동정과 도움을 얻을 수 있지만, 절망에 빠져 자신을 유혹에 내맡기는 것은 자살행위입니다. 사자굴에 뛰어드는 것은 미친 짓입니다. 유혹에 자신을 내맡기는 것은 사울이 자기 칼 위에 엎드린 것이나 마찬가지입니다.

지금까지 언급한 모든 사실로 미루어 보면 하나님께서 사단의 유혹을 자신의 백성에게 유익하도록 바꾸심으로써, 사단의 계획을 수포로 만드셨음을 알 수 있습니다. 물론 자신의 유혹이 성도들에게 결과적으로 유익이 되었다는 사실을 안다면, 사단은 더 이상 성도들을 유혹하려고 애쓰지 않을 것입니다.

언젠가 루터는 "그리스도인을 만드는 것에는 세 가지가 있는데, 기도와 명상과 유혹이 그것이다."라고 말한 적이 있습니다. 사도 바울도 로마로 항해하는 도중에 역풍을 만났습니다(행 27:4). 유혹은 성령의 바람을 거스르는 역풍입니다. 그러나 하나님은 성도들을 하늘로 불러 올라가도록 이 역풍도 이용하십니다.

3. 버림받음도 경건한 사람들에게 선을 이룹니다.

버림받는 일도 선을 이룹니다. 신랑은 신부가 떠나갔다고 불평합니다. "나의 사랑하는 자가 벌써 물러갔네"(아 5:6). 성도들에게서 물러갈 수 있는 것에는 두 가지가 있는데, 첫째는 은혜입니다. 즉 하나님께서는 성령이 임하는 것을 막거나 은혜의 활동을 철회하기도 하십니다. 만일 성령이 떠나고 나면 은혜는 얼어붙어서 싸늘하게 식고 무뎌질 것입니다.

둘째로 위로입니다. 하나님께서 은총을 거두고 난 후에는 즐거운 표정으로 우리를 바라보지 않고 얼굴을 가려버리기 때문에 우리의 영혼을 완전히 떠나신 것처럼 보입니다. 하나님은 사람들로부터 버림받을 때가 많습니다. 하나님이 우리를 버리시기 전에 우리가 먼저 하나님을 버리곤 합니다. 우리가 하나님을 버렸다고 볼 수 있는 경우는 다음과 같습니다. 즉 우리가 하나님과의 친교에서 떠날 때, 하나님의 진리를 버리고 하나님을 쳐다보지 못할 때, 하나님의 말씀의 안내와 지도를 받지 않고 거짓으로 가득 찬, 우리 자신의 잘못된 사랑과 욕정의 빛을 따를 때입니다. 그러므로 하나님이 우리를 버리시는 것이 아니라, 우리가 먼저 하나님을 버리는 것입니다.

따라서 우리는 우리 자신 외에 아무도 비난할 수 없습니다. 버림받는 것은 매우 슬픈 일입니다. 빛이 사라지고 나면 어둠이 깔리듯이, 하나님이 사라지고 나면 우리의 영혼 속에는 어둠과 슬픔만이 남기 때문입니다. 버림받은 사람은 양심의 고통에 휩싸입니다. 하나님께서 그런 사람의 영혼에 지옥과도 같은 고통을 보내주시기 때문입니다. "전능자의 살이 내 몸에 박히매 나의 영이 그 독을 마셨나니"(욥 6:4). 바사인들의 전쟁 관습 중에는 적에게 치명상을 입히기 위해 화살촉에 독사의 독을 묻히는 일이 있었습니다. 이처럼 하나님은 버림의 독화살을 욥에게 쏘았습니다. 그래서 그의 영혼은 부상을 당해 피를 흘리고 쓰러졌습니다.

하나님의 백성은 버림을 받았을 때 낙심하기 쉽습니다. 그들은 번민에 휩싸여 하나님께서 자신들을 완전히 버리셨다고 생각합니다. 그래서 저는 버림받은 영혼에게 몇 마디 위로의 말을 하려고 합니다. 항해자는 비록 빛의 인도를 받진 못해도 나침반을 볼 수 있는 불빛만 있으면 마음을 놓을 수 있습니다. 그래서 저도 버림받은 어둠 속을 항해하면서 찬란한 샛별을 기다리고 있는 불쌍한 영혼에게 빛을 비춰주기 위해서 항해자의 불빛과도 같은 세 가지 위로의 말을 해주고자 합니다.

(1) 경건한 사람만이 하나님께 버림을 받을 수 있습니다. 악한 자들은 하나님의 사랑이 무엇인지 또 어떤 식으로 하나님의 사랑을 구해야 하는지도 모릅니다. 그들은 건강과 친구를 구하고 장사가 잘 되기를 바라면서도 하나님의 은혜는 구할 줄 모릅니다. 버림받은 사람은 자신이 하나님의 자녀가 아닐지도 모른다는 두려움에 사로잡힙니다. 그러나 하나님은 악한 자들에게서 사랑을 거두어 가시는 법이 없습니다. 그들은 하나님의 사랑을 갖고 있지 않기 때문입니다. 버림을 받았다는 것은 하나님의 자녀라는 증거입니다. 그러니 하나님께서 때때로 여러분에게 미소를 보내거나 사랑의 표시를 보이지 않는다고 해서 하나님이 나를 떠나셨다고 어찌 불평할 수 있단 말입니까?

(2) 은혜의 씨앗은 뿌려졌으되 아직 기쁨의 꽃이 피지 않을 수도 있습니다. 곡식을 심어야 할 땅에 아직 금광이 묻혀있을 수도 있는 것입니다. 이처럼 하나님의 은혜를 받았지만, 아직 기쁨의 달콤한 열매를 맺지 못했을 수도 있는 것입니다. 보석과 향료를 가득 실은 배들이 바다에서 풍랑에 시달리면서 어둠 속을 헤치고 나가야 할 때가 있듯이, 은혜의 보화를 가득 실은 영혼도 풍랑에 전복되고 말 것처럼 심하게 흔들리면서, 버림의 어둠 속을 헤쳐 나가야 할 때가 있는 것입니다. 다윗은 버림을 받고 "주의 성신을 내게서 거두지 마소서"(시 51:11)라고 기도했습니다. 어거스틴은 "다윗이 '주여, 주의 성신을 주옵소서'라고 기도한 것을 보면, 아직도 그 안에 성령이 임재해 있는 것이라."고 말했

습니다.

(3) 하나님의 버림을 받는 일은 잠시 잠깐입니다. 그리스도께서는 잠시 우리의 영혼을 떠나시기는 하겠지만, 곧 돌아오실 것입니다. "내가 넘치는 진노로 내 얼굴을 네게서 잠시 가리웠으나 영원한 자비로 너를 긍휼히 여기리라"(사 54:8). 물이 다 빠지고 나면 다시 물이 밀려들어옵니다. "내가 장구히는 노하지 아니할 것은 나의 지은 그 영과 혼이 내 앞에서 곤비할까 함이니라"(사 57:16). 온유한 어머니는 화가 났을 때, 아이를 방바닥에 내려놓았다가도 곧 다시 품에 끌어안고 입을 맞추어 줍니다. 이처럼 하나님도 진노하셔서 우리의 영혼을 버리셨다가도, 다시 품에 안고 사랑해주실 것입니다.

(4) 하나님으로부터 버림받는 일도 경건한 사람에게는 선을 이룹니다.

① 버림받는 것은 게으른 신자의 영혼을 치료해 줍니다. 우리는 침대에 누워 빈둥대면서 "내가 잘지라."(아 5:2)고 말하는 신부의 모습을 볼 수 있습니다. 그러자 함께 있던 그리스도께서 떠나셨습니다. "내 사랑하는 자가 벌써 물러갔구나"(아 5:6). 잠꾸러기에게 주가 말을 붙이려고 하겠습니까?

② 버림받는 것은 이 세상에 집착하는 사람의 마음을 고쳐줍니다. "세상을 사랑하지 말지니라"(요일 2:15). 우리가 꽃다발을 쥐듯이 이 세상을 손으로 쥐는 것은 상관이 없겠지만, 너무 가까이 해서는 안 됩니다. 우리는 이 세상을, 식사를 하고 잠시 쉬었다 가는 주막으로 이용할 수는 있어도, 우리가 거처할 집으로 삼아서는 안 됩니다. 세상에 속해 있는 것들이 우리의 마음을 마구 도적질해 갈 것이기 때문입니다. 선한 사람

들도 때로는 재물이 주는 달콤한 기쁨에 취하고 체해서 병이 날 수 있습니다. 또한 그들이 은혜의 은빛 날개들을 더럽히고 하나님의 형상을 세상에 문질러서 흉하게 만들었기 때문에 하나님은 그들의 본래 모습을 회복시켜 주려고 자신의 얼굴을 감추시고 난 이후에는 좋은 일이 생기게 됩니다. 즉 세상의 모든 영광은 빛을 잃고 결국에는 사라져 버리고 만다는 것입니다.

③ 버림을 받고 난 이후에 성도들은 하나님의 얼굴을 이전보다 더 소중히 여깁니다. "주의 인자가 생명보다 나으므로"(시 63:3). 그러나 인자가 흔하다 보면, 그 가치도 낮게 평가되기 마련입니다. 예컨대 로마에 진주가 흔해지자 사람들은 그것을 가볍게 여겼다고 합니다. 우리가 하나님의 사랑을 귀하게 여기지 않을 때, 하나님은 우리 곁을 떠나십니다. 만일 햇빛이 일 년에 한 번만 비친다면 사람들은 그것을 얼마나 소중히 여기겠습니까!

④ 하나님께 버림을 받아본 사람만이 죄의 쓴 맛을 알 수 있습니다. 하나님의 진노를 사는 일보다 더 고통스러운 일이 어디 있겠습니까? "사람이 내 주를 가져다가 어디 두었는지 내가 알지 못함이니이다"(요 20:13). 이와 같이 우리의 죄 때문에 주님이 우리를 멀리 하셨으므로 죄인인 우리는 주님이 어디에 계신지를 알지 못합니다. 이런 우리에게 내리는 하나님의 은혜야말로 가장 귀중한 보석인 것입니다. 이러한 은혜를 받은 사람은 감옥에서도 즐거워 할 수 있고, 죽음도 두려워하지 않습니다. 그러니 우리의 소중한 이 보석을 훔쳐가는 죄야말로 비난받아 마땅하지 않습니까! 우리의 죄 때문에 하나님은 성전도 버리셨습니다(겔 8:6). 죄 때문에 우리는 하나님을 원수로 여기며, 하나님은 무장을 하십니다. 사람들은 이럴 경우에 하나님의 진로에 대해 죄로 맞서며 보복하고자 합니다. 버림받은 영혼은 쓸개를 넣은 신술을 죄에 타서 마시도록

하며, 굴욕의 창을 죄에 찔러 넣어 심혈을 뿜어냅니다.

⑤ 버림받은 사람은 하나님을 잃었다고 슬피 웁니다. 태양이 지면 이슬이 내리듯이, 하나님이 떠나고 나면 눈에서 눈물이 흐릅니다. 미가는 자기 신을 잃고서 얼마나 괴로웠겠습니까! "나의 지은 신들과 제사장을 취하여 갔으니 내게 오히려 있는 것이 무엇이냐"(삿 18:24). 이와 같이 하나님께서 떠나시고 나면 우리에게 남는 것이 무엇이겠습니까? 하나님께서 떠나시고 나면 수금과 비파로도 우리의 마음을 달랠 수가 없습니다. 하나님이 우리 곁에 계시지 않는 것은 슬픈 일이지만, 하나님이 함께 계시지 않는다고 애통해하는 것은 좋은 일입니다.

⑥ 버림받은 영혼은 하나님을 찾아다닙니다. 그리스도께서 떠나고 난 후 신부는 그를 찾아 다녔습니다. 그녀는 "성중으로 돌아다니며"(아 3:2) 그를 찾았습니다. 그래도 그를 찾지 못하자 그녀는 큰 소리로 외쳤습니다. "내 마음에 사랑하는 자를 너희가 보았느냐"(아 3:3). 버림받은 영혼은 온통 한숨과 신음으로 가득 찬 골짜기로 들어가서, 기도함으로써 하늘 문을 두드립니다. 그러다가 하나님의 얼굴 광채가 찬란하게 비치는 것을 보고서야 비로소 평안을 얻습니다.

⑦ 버림받은 그리스도인은 하나님께 질문을 합니다. 그는 하나님께서 떠나신 이유를 묻습니다. "하나님을 화나게 한, 저주받은 일이 무엇입니까? 교만입니까? 허례허식입니까? 아니면 세속적인 일입니까?" "그의 탐심의 죄악을 인하여 내가 노하여 그를 쳤으며 또 내 얼굴을 가리우고 노하였느니라"(사 57:17). 하나님께 버림받은 것은 아마도 드러나지 않은 어떤 죄가 있기 때문일 것입니다. 수도관 안에 돌이 끼어있으면 물이 정상적으로 흐를 수 없듯이, 우리가 죄 가운데 살게 되면 하나님의 사랑이 제대로 흐르지 못합니다. 이와 같이 양심은 사냥개처럼 죄의 냄새를 맡으며 다니다가 죄를 찾아내면 이를 없애버립니다. 이 양심 때문

에 아간도 돌에 맞아 죽은 것입니다.

⑧ 버림을 받고 난 후에 사람들은 예수 그리스도께서 우리를 위해 당하신 고난이 얼마나 큰지 깨닫게 됩니다. 홀짝거리며 마시는 잔이 이렇게 쓸진대, 그리스도께서 십자가 위에서 마신 잔이야 오죽 썼겠습니까? 그래서 그는 독배를 마시고 난 후 "나의 하나님, 나의 하나님, 어찌하여 나를 버리셨나이까"(마 27:46)라고 외쳤습니다. 하나님께 버림을 받아 겸손해지고, 잠시 동안이나마 지옥의 불꽃을 체험해 본 사람만큼 그리스도의 고난에 감사하고, 그리스도에 대한 사랑을 불태울 수 있는 사람은 없을 것입니다.

⑨ 버림받은 성도들은 장차 하나님의 위로를 받을 것입니다. 혹한이 지나고 나면 화창한 봄날이 오듯이, 하나님도 먼저 우리를 버리시고 그 다음에 위로를 해주십니다(고후 7:6). 우리 주님께서도 40일간 금식을 하고 난 후, 천사들의 수종을 받았습니다. 주님은 자기 백성이 오랫동안 금식하도록 내버려 두셨다가 보혜사를 보내시어 감추인 만나를 먹이십니다. "의인을 위하여 빛을 뿌렸도다"(시 97:11). 성도들이 받은 위로는 땅에 묻힌 씨앗처럼 눈에 보이지 않지만, 싹이 나고 자라서 풍성한 열매를 맺게 될 것입니다.

⑩ 버림을 받은 사람은 천국을 더 사모할 것입니다. 여기서 우리가 받는 위로는, 만월이 되었다가 이지러지는 달과 같습니다. 이처럼 하나님도 잠시 우리에게 모습을 드리내셨다가 우리 곁을 떠나시곤 합니다. 따라서 버림을 받은 사람은 더욱 더 천국을 사모할 것이며, 하나님의 사랑에 끝이 없음을 깨닫고는 더욱 즐거워하고 기뻐할 것입니다(살전 4:17).

이처럼 버림받는 일도 경건한 사람에게 선을 이룹니다. 주님이 우리를 버리시는 것은 우리가 지옥의 구렁텅이에 떨어지지 않도록 하시기 위해서입니다. 주님께서 우리를 지옥같이 괴로운 상태에 빠지게 하시는 것도 따지고 보면 진짜 지옥에 떨어지지 않도록 하기 위함입니다. 하나님이 우리를 잠시 버리시는 것은 우리가 하나님의 얼굴의 나타난 미소를 영원히 누리고, 그분의 얼굴에서 다시는 구름이나 그늘을 보지 않게 되며, 또 그리스도께서 다시 오셔서 신부와 함께 거하심으로써 신부가 다시는 "나의 사랑하는 자가 떠나갔구나."라는 말을 하지 않게 될 날을 대비하기 위해서입니다.

4. 죄도 경건한 사람들에게 선을 이룹니다.

죄는 본질상 저주스러운 것이지만, 무한히 지혜로우신 하나님은 죄를 통제하여 악한 죄로부터 선한 것을 이끌어 내십니다. 실로 죄라는 사자에게서 달콤한 꿀이 나온다는 것은 믿기지 않는 일입니다. 우리는 이런 일을 다음의 두 가지 측면에서 생각해 볼 수 있습니다.

(1) 다른 사람의 죄가 하나님의 통제를 받아 경건한 사람에게 선을 이룰 수 있습니다. 경건한 사람이 악한 자들 틈에 끼어 산다는 것은 결코 쉬운 일이 아닙니다. "메섹에 유하며 게달의 장막 중에 거하는 것이 내게 화로다"(시 120:5). 그러나 다음과 같은 몇 가지 이유 때문에 하나님은 이런 일마저도 선하게 만드십니다.

① 다른 사람의 죄가 거룩한 슬픔을 자아내기 때문입니다. 하나님의 백성은 자신들이 고칠 수 없는 일 때문에 슬피 웁니다. "저희가 주의 법을 지키지 아니하므로 내 눈물이 시냇물 같이 흐르나이다"(시 119:136). 다윗은 그 당시 사람들의 죄를 슬퍼했습니다. 그래서 그의 마음은 샘이 되고 그의 눈은 강이 되었습니다. 악한 자들은 죄를 즐거워합니다. "그가 악을 행하며 기뻐하도다"(렘 11:15). 그러나 경건한 사람은 슬피

우는 비둘기와 같습니다. 그들은 세상 사람들이 하나님을 모독하는 말을 듣고 슬퍼합니다. 다른 사람들의 죄가 창이 되어 그들의 영혼을 찌릅니다. 다른 사람들의 죄 때문에 슬퍼하는 것은 선한 일입니다. 하늘에 계신 아버지가 상처를 입는 것을 보고 가슴을 치며 슬퍼하는 것은 어린아이와 같은 심정을 가졌기 때문입니다. 그것은 또한 그리스도와 같은 심정을 가졌기 때문이기도 합니다.

"예수께서 저의 마음의 완악함을 근심하사"(막 3:5). 하나님은 이렇게 다른 사람의 죄 때문에 눈물 흘리는 사람을 특별히 돌보십니다. 하나님은 그의 영광이 손상되는 것을 보고 눈물 흘리는 우리의 모습을 좋아하십니다. 그러므로 하나님의 은혜를 받은 사람은 자기 죄보다도 남의 죄 때문에 더욱 슬퍼할 것입니다. 우리는 죄를 짓고 나서 지옥에 떨어질까 두려워하며 슬퍼합니다. 그러나 하나님을 사랑하는 사람이라면 다른 사람의 죄 때문에 슬퍼해야 할 것입니다. 다른 사람을 위해서 흘리는 눈물은 장미꽃에서 흘러내리는 물방울 같아서 달고 향기롭기 때문에 하나님은 이 눈물을 특별히 받아 주십니다.

② 경건한 사람은 다른 사람의 죄를 보고서 죄를 범하지 않게 해달라고 더 열심히 기도하기 때문입니다. 만일 도처에 악령이 도사리고 있지 않다면, 기도의 영도 존재하지 않을 것입니다. 죄를 짓고 울부짖다 보면, 결국 하나님께 기도를 드리게 됩니다. 하나님의 백성은 세상 사람들의 죄악상을 보고 하나님께 죄를 중지시켜 달라고, 그리고 그들로 하여금 죄를 부끄럽게 여기는 마음을 갖도록 해달라고 기도합니다. 그들이 기도로써 죄를 물리칠 수는 없겠지만, 죄를 막아달라고 기도할 수는 있기 때문입니다. 그리고 하나님은 이런 기도를 쾌히 들어주십니다. 이런 기도는 하늘에 기록되기도 하고, 응답되기도 할 것입니다. 비록 기도했다고 해서 당장 큰 효과가 나타나는 것은 아니라 하더라도, 기도해서 손

해 보는 일은 없을 것입니다. "내 기도가 내 품으로 돌아왔도다"(시 35:13).

③ 경건한 사람은 다른 사람의 죄를 보고 더욱 더 은혜를 사모하게 되기 때문입니다. 다른 사람의 죄는 은혜의 광채를 더욱 빛나게 하는 박(箔)과 같습니다. 그것은 앞면의 광채를 더욱 돋보이게 해줍니다. 추악함을 드러내줌으로써 성도에게 유익한 교훈을 주는 죄로는 다음과 같은 것들이 있습니다.

첫째, **교만함의 죄** : 교만한 사람을 보고 있노라면 겸손해져야겠다는 생각이 절로 우러납니다.

둘째, **남을 미워하는 죄** : 사단은 남을 미워합니다. 증오심에 불타는 사람을 보면서 우리는 이웃을 친절하게 대하고 사랑해야 하겠다고 다짐합니다.

셋째, **술 취함의 죄** : 술에 취한 사람은 이성을 잃고 짐승같이 굽니다. 술에 취해 정신을 잃은 사람을 보면서 우리는 절대로 술을 마시지 말아야겠다고 다짐합니다. 이처럼 죄의 검은 얼굴이 있어서 거룩함의 아름다움이 더욱 돋보이는 것입니다.

④ 다른 사람의 죄를 보고 있노라면 죄를 막아야겠다는 생각이 더 강렬해지기 때문입니다. "저희가 주의 법을 폐하였사오니…… 그러므로 내가 주의 계명을 금 곧 정금보다 더 사랑하나이다"(시 119:126,127). 악한 자가 하나님의 법을 어기지 않았더라면, 다윗이 계명을 그토록 열렬히 사랑하지는 못했을 것입니다. 악한 자들이 진리를 모독하면 할수록, 성도들은 더욱 더 용감하게 그것을 수호할 것입니다.

살아있는 물고기는 물의 흐름을 거슬러서 헤엄쳐갑니다. 이처럼 조류가 밀려들수록, 경건한 사람은 조류에 역행하여 헤엄쳐 나갑니다. 세상 사람들이 하나님을 모독하면 할수록 성도들의 가슴 속에는 거룩한 분노가 더욱 치밀어 오릅니다. 그러나 이 분노는 죄가 아니고 오히려 죄를 무찌릅니다. 다른 사람의 죄는 무디어진 칼날을 갈아주는 숫돌과 같아서 죄에 대한 우리의 적개심을 더 예리하게 갈아줍니다.

⑤ 다른 사람의 죄를 보면서 우리는 구원을 얻기 위해 더욱 열심을 내기 때문입니다. 지옥에 가려고 안달하는 악한 자들의 모습을 보면서 우리는 더욱 더 천국을 사모할 것입니다. 아무도 이런 악한 자를 위로해주지 않건만, 그래도 그들은 여전히 죄를 짓습니다. 그들은 수치스럽고 불명예스러운 일을 자행하며 온갖 저항에도 아랑곳하지 않고 죄를 저지릅니다. 성경이 그들을 거부하고, 양심이 그들을 질책하며, 그들이 가는 길에 화염검이 놓여 있어도 그들은 끄떡하지 않고 여전히 죄를 범합니다. 이처럼 금단의 열매를 따려고 기를 쓰고 덤벼들며 사단을 섬기느라 지쳐버린 악한 자들의 모습을 보면서, 경건한 사람은 더욱 용기를 얻고 원기를 회복하여 하나님의 길로 달려갈 것입니다. 말하자면 그들은 폭풍에 힘입어 천국으로 가게 되는 것입니다.

악한 자들은 죄를 범하는데 있어서는 발 빠른 약대 같습니다(렘 2:23). 그런데도 우리가 달팽이처럼 신앙생활을 게을리해서야 되겠습니까? 불결한 죄인들은 악마를 섬기는 일에도 그렇게 열심인데, 우리가 그리스도를 열심히 섬기지 못한대서야 말이 되겠습니까? 또한 저들은 지옥에 가려고 저렇게 안달을 하는데, 우리가 천국에 가려고 서두르지 않는데서야 말이 되겠습니까? 저들은 지킬 줄 모르고 죄를 범하는데, 우리가 지쳐서 기도를 중단해서야 되겠습니까? 우리에게는 그들이 섬기는 악마보다 더 훌륭한 주님이 계시지 않습니까? 신앙의 길을 가는 것이 즐겁지 않습니까? 하나님에 대한 의무를 이행하고 천국에 가는 것이 기쁘지 않단 말입니까? 벨리알의 아들들의 범죄 행위는 발걸음을 재촉하여 천국으로 달려가도록 경건한 사람들을 부추기는 자극제입니다.

⑥ 다른 사람의 죄는 우리 자신의 마음을 비춰볼 수 있는 거울이기 때문입니다. 우리는 파렴치하고 사악한 죄인을 만나면 우리 자신의 모습을 돌아보게 됩니다. 하나님께서 우리를 떠나셨다면 그것은 우리도 그들처럼 죄를 지었기 때문일 것입니다. 다른 사람들이 저지르는 죄를 우리도 얼마든지 저지를 수 있습니다. 악한 자들의 죄가 타오르는 횃불과 같다면, 경건한 사람들의 죄는 타다 남은 불과 같습니다. 우리에게서 수치의 불꽃이 타오르지 않는다고 자랑해서는 안 됩니다. 우리의 본성 속에는 타다 남은 죄의 불씨가 아직 많이 남아있기 때문입니다. 그러므로 하나님께서 권능으로 우리를 억제하시지 않고 은혜로써 우리 마음을 변화시켜 주시지 않는다면, 우리 안에 남아 있는 쓴 뿌리는 지옥의 열매를 맺게 될 것입니다.

⑦ 다른 사람의 죄를 보면서, 우리는 하나님께 감사를 드릴 수 있기 때문입니다. 우리는 죄를 범한 사람이 끝내 회개하지 않고 죄의 노예가 되는 것을 보면서 그의 영혼을 불쌍히 여기며, 동시에 우리를 죄 가운데서 구해주신 하나님께 감사를 드릴 수 있습니다. 하나님께서 우리를 이런 죄 가운데서 구원하신 까닭이 무엇일까요?

성도 여러분, 곰곰이 생각해 보시기 바랍니다. 다른 사람들도 많은데, 하나님은 왜 하필 우리에게 호의를 베푸실까요? 하나님께서 다른 사람들은 내버려 두시고 우리를 돌감람나무에서 떼어내신 이유는 무엇일까요? 이 일을 생각하면 하나님의 크신 은혜에 대한 찬송이 절로 나오지 않습니까? 바리새인들이 자랑스럽게 한 말을 우리는 감사하는 마음으로 할 수 있을 것입니다. "하나님이여 나를 다른 사람들 곧, 토색, 불의, 간음을 하는 자들과 같지 아니하고 이 세리와도 같지 아니함을 감사하나이다"(눅 18:11). 따라서 우리도 술주정뱅이, 신성모독자, 안식일을 범하는 자가 되지 않도록 하신 하나님의 크신 은혜에 감사를 드려야 합니다.

　우리는 범죄하기에 여념이 없는 사람을 볼 때마다, 타락하고 병든 그들의 영혼을 불쌍히 여기면서 그들의 영혼을 구원해 주시라고 기도를 드리며, 또한 우리를 구원해 주신 하나님께 찬양을 드려야 합니다. 사단의 권세 아래에서 신음하는 사람들을 보면서, 우리를 그런 상태에 처하지 않도록 이끌어주신 하나님께 감사하는 것은 지극히 당연한 일입니다. 그러니 죄를 가볍게 여기지 맙시다.

　⑧ 경건한 사람은 다른 사람의 죄를 보면서 자기의 행동을 바르게 고치기 때문입니다. 성도 여러분, 하나님은 다른 사람의 죄를 이용하여 여러분을 구원하기도 합니다. 다른 사람들이 하나님을 멀리할수록, 경건한 사람은 하나님께 더욱 매달릴 것이기 때문입니다. 약한 사람이 죄에 몰두할수록 경건한 사람은 기도에 열심을 냅니다. "나는 기도할 뿐이라"(시 109:4).

　⑨ 다른 사람의 죄를 보면서 우리는 선한 일을 행하고 싶은 마음이 싹트기 때문입니다. 죄인이 없었다면, 우리는 하나님을 섬기는데 필요한 자격을 갖추지 못했을 것입니다. 경건한 사람은 악한 자를 회개시키는 수단이 되곤 합니다. 그들의 사려 깊은 충고와 경건한 모범은 죄인들의 마음을 움직여 복음을 받아들이도록 하는 미끼입니다. 환자의 병은 의사에게 유익이 됩니다. 의사는 환자의 병든 몸을 고쳐주고 돈을 법니다. 이와 같이 죄인들을 악한 길에서 끌어냄으로써 우리는 큰 상급을 받게 됩니다. "많은 사람을 옳은 데로 돌아오게 한 자는 별과 같이 영원토록 비취리라"(단 12:3). 등잔이나 초와 같이 잠시 비추다가 꺼지는 것이 아니라, 별과 같이 영원히 비춘다는 말입니다. 이와 같이 다른 사람들의 죄도 잘만 다스리면 우리에게 선을 이룰 수 있습니다.

(2) 죄책감도 선을 이룰 수 있습니다. 즉 우리 자신의 죄가 유익

이 될 수도 있다는 말입니다. 경건한 사람의 죄가 선을 이룬다는 제 말을 오해하지 말기 바랍니다. 이것은 죄 속에 선한 것이 들어있다는 말이 아닙니다. 죄는 독약과 같아서 피를 더럽히고 마음을 병들게 합니다. 그래서 하나님께서 고쳐주시지 않으면 우리는 결국 죽고 맙니다. 이것이 바로 우리를 죽이고 파멸시키는 죄의 독성입니다.

죄는 지옥보다도 더 나쁘지만, 하나님은 권세로써 이 죄로 하여금 성도들에게 선을 이루도록 합니다. 여기에서 어거스틴의 금과옥조와도 같은 말이 나온 것입니다. "악한 데서 선한 것을 나오게 할 수 없었다면, 하나님은 결코 악을 허용하지 않았을 것이다." 성도들의 죄책감은 다음과 같은 이유들 때문에 선을 이룹니다.

① 죄를 지은 성도는 이 세상의 삶을 지겨워하기 때문입니다. 경건한 사람이 죄를 지었다는 것은 애석한 일이지만, 그가 그 짐을 지고 다닌다는 것은 좋은 일입니다. 사도 바울이 당한 고난은 그의 죄와 비교해 볼 때 하찮은 것에 불과했습니다. 그러나 그는 환난 가운데에서도 즐거워했습니다(고후 7:4). 그런데 이 낙원의 새가 죄에 짓눌려 슬픔의 눈물을 흘렸던 것입니다. "이 사망의 몸에서 누가 나를 건져 내랴"(롬 7:24). 죄수가 수갑을 차고 다니듯이, 신자도 자기의 죄를 달고 다닙니다. 그러니 그는 석방될 날을 얼마나 기다리겠습니까! 그러므로 죄책감도 선을 이루는 것입니다.

② 죄를 범한 신자는 그리스도를 이전보다 더 소중히 여기기 때문입니다. 환자가 의사를 반갑게 맞이하듯이, 죄를 범한 성도도 의사이신 그리스도를 참으로 기쁘게 영접할 것입니다. 죄로 말미암아 고통을 당한 성도는 놋뱀을 얼마나 소중히 여기겠습니까! 바울은 사망의 몸을 한탄하고 난 후, 그리스도께 얼마나 깊은 감사를 드렸습니까! "우리 주 예수 그리스도로 말미암아 하나님께 감사하리로다"(롬 7:25).

그리스도의 피는 우리를 죄에서 구원해 낼 뿐만 아니라, 이 죄를 죽이는 거룩한 연고이기도 합니다.

③ 죄책감을 느끼는 사람은 다음과 같은 여섯 가지의 특별한 의무를 이행하려고 합니다.

첫째, 자기를 감찰합니다. 죄책감을 느끼는 하나님의 자녀는 등불을 켜들고 자기 마음을 살핍니다. 환자가 병의 원인을 알고 싶어 하듯이, 그도 자기의 죄가 무엇인지를 알고 싶어합니다. 우리는 하나님의 은혜를 받아야만 즐거워합니다. 그러나 타락했다는 사실만 알아도 우리에게 유익이 됩니다. 그래서 욥은 "나의 허물과 죄를 내게 알게 하옵소서."라고 기도했습니다(욥 13:23). 우리가 자만에 빠지지 않고 지금보다 더 나은 상태에서 살려면 죄의 진상을 알아야 합니다. 죄가 우리를 찾아내지 못하도록 우리가 먼저 손을 써서 죄를 찾아내야 합니다.

둘째, 자기를 낮춥니다. 죄는 가슴의 종양이나 등의 혹처럼 경건한 사람으로 하여금 자만에 빠지지 않게 하기 때문입니다. 배에 자갈과 흙을 잔뜩 실으면 배가 뒤집힐 염려가 없습니다. 이처럼 우리의 영혼에 죄의식을 불어넣으면 헛된 자랑에 넘어가지 않을 것입니다.

성경은 "하나님의 백성의 흠"(신 32:5)에 대해 언급합니다. 성경이라는 거울에 자기의 운명을 비추어 보았더니 불신앙과 위선의 흠들 투성이라는 것을 깨닫게 된 신앙인은 더 이상 자랑을 할 수 없습니다. 그러므로 죄는 신자들을 겸손하게 만드는 흠입니다. 죄로 말미암아 우리의 생각이 겸손해졌다면 결국 그 죄도 우리에게 유익한 것입니다. 우리를 교만하게 만드는 선행보다는 우리를 겸손하게 만드는 죄가 우리에게 더 유익이 됩니다.

브래드포드(Bradford)는 자신에 대해 "나는 위선자"라고 말했으며 후퍼(John Hooper)는 "주님, 저는 지옥이고 당신은 하늘입니다."라고 말했습니다. 이들은 튜더 왕조의 메리 여왕 시대의 순교한 성인들이었습니다.

셋째, **자기를 심판합니다.** 죄를 지은 신자는 자기에게 다음과 같은 선고를 내립니다. "나는 다른 사람에게 비하면 짐승이라"(잠 30:2). 남을 판단하는 것은 위험하지만, 자기를 판단하는 것은 좋은 일입니다. "우리가 우리를 살폈으면 판단을 받지 아니하려니와"(고전 11:31). 우리가 우리 자신을 판단하고 나면 사단은 할 일이 없습니다.

사단이 우리의 죄를 비난하고 나서면 우리는 그 말을 되받아 이렇게 말할 수 있습니다. "사단아 내가 이러이러한 죄를 진 것은 사실이다. 그러나 내가 이미 그 죄들을 살펴보았고 하나님께서 하급심인 양심에서 나를 정죄하셨으니, 이제 상급심인 천국에서 나를 풀어주실 것이다".

넷째, **자기 자신과 싸웁니다.** 영적인 자아는 육적인 자아와 갈등을 일으키곤 합니다. "성령의 소욕은 육체를 거스리나니"(갈 5:17). 우리 인생은 방랑과 싸움의 연속입니다. 영과 육 사이에는 매일 끊임없는 싸움이 벌어집니다. 그러므로 신자는 죄를 짓고서 편안한 마음으로 살 수 없습니다. 죄를 몰아내지 못하면 그 자신이 죄의 종 노릇을 해야 되기 때문입니다. 비록 우리가 죄를 완전히 물리칠 수는 없겠지만, 죄를 물리치는 작업은 계속되어야 합니다. "이기는 그에게는…… 생명나무의 과실을 주워 먹게 하리라"(계 2:7).

다섯째, **자기를 감시합니다.** 그는 자기가 죄에 넘어갈 수도 있음을 알기 때문에, 늘 자기를 감시합니다. 우리는 미묘한 마음을 잘 감시해야 합니다. 마음은 언제든지 공격을 당할 수 있는 성과 같기 때문입니다. 그래서 하나님의 자녀는 마음이라는 성에 파수꾼을 세워두고 감시를 합니다. 신자는 수치스러운 죄를 범하지 않도록 잘 감시하고 있다가 때가 되면 수문을 열어 하나님께 받은 위로를 전부 쏟아 보내어 죄를 막아야 합니다.

여섯째, **자기 마음을 바로잡습니다.** 하나님의 자녀는 죄를 찾아내기만 하는 것이 아니라 쫓아내기도 합니다. 그는 한 발로는 죄의 목을 누르고 다른 발은 "주의 증거로 돌이킵니다"(시 119:59). 이와 같이 경건한 사람의 죄도 선을 이룹니다. 하나님은 그들의 병을 이용해서 그들의 마음을 고치십니다. 그러나 이 가르침을 남용해서는 안 됩니다. 즉 완악한 사람에게도 죄가 선을 이룬다는 말이 아닙니다. 완악한 사람에게는 죄가 파멸을 가져올 뿐입니다. 그러나 이처럼 사악한 죄도 하나님을 사랑하는 사람들에게는 선을 이룹니다.

성도 여러분, 저도 여러분이 이 가르침으로부터 잘못된 결론을 이끌어내지 않으리라고 믿습니다. 다시 말해서 죄를 경시하거나 뻔뻔스럽게 죄를 범하는 일은 없으리라고 확신합니다. 그러나 만일 여러분이 그렇게 한다면 하나님께서 그것을 그냥 내버려두지 않으실 것입니다.

다윗을 보십시오. 그는 뻔뻔스럽게 죄를 범했습니다. 그렇게 해서 그가 얻은 것이 무엇이었습니까? 그는 마음을 즐겁게 해보려고 온갖 방법을 다 동원했지만, 그래도 마음의 평화는 임하지 않았고 전능하신 하나님이 두렵기만 했습니다. 그는 왕이었으므로 무엇이든 손에 넣을 수 있었고 또 음악에도 남다른 재능이 있었지만, 그것들이 그의 마음을 달래주지는 못했습니다. 그는 자기의 "꺾인 뼈"를 불평했습니다(시 51:8). 그는 결국 이 음침한 그늘에서 벗어나긴 했지만, 죽는 날까지 완전한 기쁨을 누리지 못했다고 합니다.

하나님께서 죄를 선하게 만들어주실 것이라고 여기고 아무 거리낌 없이 죄를 짓는 사람이 있다면, 하나님께서는 그런 사람을 멸망시키지는 않는다 하더라도, 이 세상에서 괴로운 나날을 보내도록 하실 것입니다. 다시 말해서 하나님은 그들에게 두려워서 떨다가 마침내 절망에 빠질 정도의 극심한 고통과 영적인 시련을 안겨주실 것이라는 말입니다. 이러한 사실은 그런 사람에게 금단의 열매에 다가가지 못하도록 막는 화염검이 될 것입니다.

   이제까지 저는 좋은 것이든 나쁜 것이든, 위대하신 하나님의 손길로 다스려지면 협력하여 성도들에게 선을 이룬다는 사실을 살펴보았습니다. 거듭 부탁하건대, 죄를 가볍게 여기지 마십시오.

제삼장

모든 것이 선을 이루는 이유

1. 모든 것이 선을 이루는 근본적인 이유

하나님께서 자기 백성을 진심으로 사랑하시기 때문에 모든 것이 선을 이루는 것입니다. 하나님은 그들과 언약을 맺으셨습니다. "그들은 내 백성이 되겠고 나는 그들의 하나님이 될 것이라"(렘 32:38). 이 언약 덕택에 그들에게는 모든 것이 선을 이룹니다. "나는 하나님, 곧 네 하나님이로다"(시 50:7). "네 하나님"이라는 말은 성경에 나오는 말들 가운데 가장 아름다운 말이며, 하나님과 우리 사이의 가장 친밀한 관계를 의미합니다. 하나님과 그의 백성이 이와 같이 좋은 관계를 유지하고 있으므로 모든 것이 그들에게 선을 이룰 것입니다. "나는 네 하나님이로다."라는 표현에는 다음과 같은 의미들이 함축되어 있습니다.

(1) 의사와 병자의 관계 "나는 네 의사니라." 하나님은 매우 유능한 의사입니다. 그렇기 때문에 하나님은 우리의 병을 고치기 위해 무슨 일을 해야 할지 잘 알고 계십니다. 또한 하나님은 사람들의 체질이 각기 다르다는 것, 그러므로 각 사람의 체질에 맞는 처방을 내려야 가장 큰 효과를 거둘 수 있다는 것도 알고 계십니다. 하나님은 온유한 성품을 지닌 사람들에게는 자비를 베푸시지만, 난폭하고 성가시게 구는 사람들은 강압적으로 다루십니다. 설탕에 재워야 할 것이 있고, 소금물에 절여야 할 것이 있습니다. 그렇기 때문에 하나님은 모든 사람을 똑같은 방법으로 다루시지 않습니다. 하나님은 강퍅한 자에게는 시련을, 약한 자에게는 사랑을 베푸십니다. 하나님은 신실하신 의사이므로, 각 사람에게 가장 알맞은 처방을 내려주실 것입니다.

하나님은 여러분이 원한다고 해서 무엇이든지 다 주시는 것이 아니고, 여러분에게 꼭 필요한 것만 골라서 주십니다. 진정한 의사라면 환자의 비위나 맞추려고 하지 않고, 환자의 병을 고칠 궁리를 할 것입니다. 이제 우리는 극심한 시련이 닥쳤다고 불평만 할 것이 아니라, 하나님께서 우리의 의사이시므로 우리의 마음을 달래기만 하시지 않고 우리의 병을 근본적으로 치료하려고 애쓰신다는 것을 기억해야겠습니다. 하나님께서 자녀들의 잘못을 바로잡기 위해서 사용하는 방법들은 엄격하기는 하지만, 결코 우리에게 해가 되지 않습니다. "마침내 네게 복을 주려 하심이었느니라"(신 8:16)

(2) 아버지와 자녀의 관계 아버지는 자식을 사랑합니다. 그러므

로 아버지가 미소를 짓든지, 회초리를 들든지, 이 모든 일은 다 자식이 잘 되라고 하는 일입니다. "나는 네 하나님, 네 아버지이다. 그러므로 내가 하는 모든 일은 다 너를 위한 것이다." "사람이 그 아들을 징계함 같이 네 하나님 여호와께서 너를 징계하시리라"(신 8:5). 하나님께서 자식에게 매를 대시는 것은 그를 망치기 위함이 아니라, 그의 나쁜 버릇을 고치기 위함입니다. 인자하신 아버지이신 하나님께서 어찌 자기 자식에게 해롭게 하실 수 있습니까! "아비가 자식을 불쌍히 여김같이 여호와께서 자기를 경외하는 자를 불쌍히 여기시나니"(시 103:13). 자기 자식, 곧 자기가 낳은, 자기 분신인 자식이 망하기를 바라는 아버지가 과연 있을까요? 아버지가 감독하고 통제하는 것도 따지고 보면 자식이 잘되기를 바라는 마음 때문입니다. 하나님은 온유하신 자비의 아버지"이십니다(고후 1:3). 그렇기 때문에 하나님은 사람들에게도 자비롭고 친절한 마음을 갖도록 요구하실 수 있는 것입니다.

또한 하나님은 "영존하시는 아버지"이십니다(사 9:6). 하나님은 영원 전부터 우리의 아버지셨으며, 우리가 자녀되기 전부터 우리의 아버지이셨습니다. 그리고 앞으로도 영원히 우리의 아버지가 되실 것입니다. 아버지가 살아 계신 아이는 아버지께서 보살펴 주시므로 아무런 걱정이 없지만, 아버지가 없는 아이는 당장 생계가 막연할 수도 있습니다. 그러나 우리의 아버지이신 하나님은 절대로 우리 곁을 떠나지 않을 것이니 안심히 십시오. 하나님은 결코 죽지 않는 분이기 때문입니다. 그리고 하나님을 아버지로 모시고 있는 사람은 결코 멸망을 당하지 않습니다. 그러므로 이런 사람에게는 모든 일이 선을 이룰 것임에 틀림없습니다.

(3) 남편과 아내의 관계 부부 관계만큼 가깝고 아름다운 관계도 없습니다. 남편은 아내의 행복을 추구합니다. 아내가 잘못되기를 바라

는 남편이 있다면, 그는 비정상적인 사람일 것입니다. "누구든지 언제든지 제 육체를 미워하지 않느니라"(엡 5:29).

하나님과 그의 백성도 이와 같이 부부관계를 맺고 있습니다. "너를 지으신 자는 네 남편이시라"(사 54:5). 하나님은 자기 백성을 지극히 사랑하십니다. 심지어 하나님은 그들을 손바닥에 새기기까지 하십니다(사 49:16). 또한 하나님은 그들을 도장같이 마음에 품으십니다(아 8:6). 장차 하나님은 그들의 속량물로 주실 것입니다(사 43:3). 이것을 보면 하나님께서 자기 백성을 얼마나 사랑하시는지를 알 수 있습니다. 사랑으로 충만해 있는, 남편이신 하나님은 아내인 자기 백성의 행복을 추구하실 것입니다. 남편이신 하나님은 아내의 상처를 싸매주시고, 아내가 당한 화를 복으로 바꿔주실 것입니다.

(4) 친구 관계 "이는 나의 친구이니라"(아 5:16). 어거스틴은 "친구는 제 2의 자기"라고 말했습니다. 사람은 누구나 자기 친구가 자기를 바라며 그렇게 되도록 도와줍니다. 또한 친구가 잘되면 자기 일처럼 기뻐하기도 합니다. 요나단은 친구인 다윗의 편을 들다가 왕의 진노를 샀습니다(삼상 19:14). 하나님은 우리의 친구이시므로 모든 것을 우리에게 선하도록 바꾸실 것입니다. 물론 더러는 나쁜 친구들도 있습니다. 그리스도를 배신한 제자가 그 대표적인 예입니다. 그러나 하나님은 우리의 가장 좋은 친구이십니다.

하나님은 신실한 친구이십니다. "그런즉 너는 알라 오직 네 하나님 여호와는 하나님이시요 신실하신 하나님이시라"(신 7:9).

첫째, **하나님은 자기의 사랑에 신실하신 분입니다.** 하나님은 아들을 품에서 떼어내시면서까지 우리에게 당신의 마음을 보여 주셨습니다. 하나님의 이와 같은 사랑은 전례가 없습니다.

  둘째, **하나님은 자기의 약속에 신실하신 분입니다.** "거짓이 없으신 하나님이 약속하셨느니라"(딛 1:2). 하나님은 약속한 내용을 바꾸시는 일은 있어도 약속을 깨는 일은 없으십니다.

  셋째, **하나님은 자기 행동에 신실하십니다.** 하나님이 우리를 괴롭히는 것도 신실하시기 때문입니다. "주께서 나를 괴롭게 하심은 성실하심으로 말미암음이다"(시 119:75). 하나님은 은을 다루듯이 우리를 걸러내어 단련하십니다(시 66:10).

  하나님은 변함없는 친구이십니다. "내가 과연 너희를 버리지 아니하고 과연 너희를 떠나지 아니하리라"(히 13:5). 어려움에 빠진 친구를 모르는 척하는 사람들이 많습니다. 이들은 친구들 대하기를 마치 여인들이 꽃을 가꾸듯 합니다. 이들은 꽃이 싱싱할 때에는 그 꽃을 가슴에 품고 다니다가도 꽃이 시들면 던져 버립니다. 또한 그들은 여행자가 해시계를 다루듯 합니다. 이들은 해시계 위에 햇빛이 비치지 않으면 해시계를 주머니에 집어넣고 다시는 꺼내보지 않습니다.

  이와 같이 성공으로 빛날 때에는 주변에 모여들던 친구들이, 그 사람에게 불행의 그림자가 드리워지면 그의 곁에 얼씬도 하지 않습니다. 그러나 하나님은 어떤 일이 있어도 우리를 버리지 않는 우리의 영원한 친구이십니다. 하나님은 "내가 과연 너희를 버리지 아니하리라."고 말씀하셨습니다. 다윗은 사망의 음침한 골짜기를 다닐 때에도 하나님이 자기의 친구라는 사실을 믿어 의심치 않았습니다. "내가 해를 두려워하지 않을 것은 주께서 나와 함께 하심이라"(시 23:4). 하나님께서 자기 백성에게서 사랑을 완전히 거두어 가시는 일은 결코 없습니다. "세상에 있는 자기 사람들을 사랑하시되 끝까지 사랑하시니라"(요 13:1). 우리의 영원한 친구이신 하나님은 모든 것을 우리에게 유익하도록 만드실 것입니다. 진정한 친구라면 친구의 유익을 구할 것이 분명하기 때문입니다.

(5) 머리와 지체와의 관계 이것은 앞에서 말한 네 가지 관계보다 더 밀접한 관계입니다. 그리스도와 성도들은 신비스럽게 연합되어 있습니다. 그리스도는 "교회의 머리"(엡 5:23)로 일컬어집니다. 몸에 유익하지 못한 조언을 하는 머리도 있습니까? 머리와 몸은 일심동체로서 머리가 지시하면, 몸은 그 지시를 따릅니다. 또한 머리는 생각을 짜내며 몸에 영향력을 행사하기도 하고, 몸을 편안하게 해주기도 합니다. 머리의 각 부분들은 몸에 유익하도록 배치된 것입니다. 예를 들어 눈은 망루에 배치되어 보초를 서다가 몸에 위험이 닥치면 그 위험을 막아내도록 합니다. 혀는 음식의 맛도 보고 말도 합니다. 만일 몸이 소우주 혹은 작은 세상이라면, 머리는 이 세상에 이성의 빛을 비춰주는 태양입니다. 이처럼 머리는 몸에 유익하도록 배치되어 있습니다.

그리스도와 성도들은 신비스러운 몸을 이룹니다. 우리의 머리가 하늘나라에 있으니, 하나님은 그의 몸이 상처 입는 것을 보고만 계시지 않고 몸을 보호하는 법을 알려 주실 것입니다. 따라서 하나님은 모든 것이 신비스러운 몸에 선을 이루도록 만드실 것입니다.

2. 모든 것이 성도들에게 선을 이룬다는 명제로부터 추론해낼 수 있는 몇 가지 사실들

(1) 모든 것이 선을 이루는 것은 하나님의 섭리 때문입니다. 이 세상 만물들은 혼자 힘으로는 아무 일도 할 수 없습니다. 하나님께서 명령을 내리셔야만 그것들이 작용할 수 있습니다. 하나님은 모든 사건들과 문제들을 능히 처리하실 수 있는 위대한 분입니다. 하나님

은 모든 것을 작용하도록 만드십니다. "그 정권으로 만유를 통치하시도 다"(시 103:19). 그 정권이란 그의 섭리의 나라를 말합니다. 이 세상 만물들은 제2의 원인들, 즉 인간의 조언이나 일월성신의 지배를 받는 것이 아니라, 하나님의 섭리에 통제를 받습니다. 따라서 하나님의 섭리는 이 세상의 여왕이요, 여통치자입니다.

섭리에는 세 가지 사항이 있습니다. **하나님의 예지, 하나님의 결정,** 그리고 만물들의 시기와 사건들을 지시하시는 **하나님의 명령**이 그것입니다. 이 세상에서 일어난 모든 일은 하나님의 명령에 따라 일어난 것입니다. 에스겔 1장에는 바퀴들과 바퀴의 눈들 그리고 바퀴의 움직임에 관한 언급이 나옵니다. 여기에서 바퀴들은 우주 전체를 가리키며 바퀴의 눈들은 하나님의 섭리를, 그리고 바퀴들의 움직임은 이 땅의 만물들을 움직이도록 만드는 하나님의 섭리의 손길을 가리킵니다. 사람들이 '우연'이라고 말하는 것도 따지고 보면 섭리의 결과인 것입니다.

하나님의 섭리를 찬양합시다. 하나님의 섭리는 이 세상 만물들에게 영향을 미칩니다. 여러 가지 재료들을 섞어서 완전한 화합물을 만들어 내는 것도 바로 이 섭리입니다.

(2) 하나님의 자녀는 모두 행복한 상태에 있음을 주목합시다. 좋은 것이든 나쁜 것이든 상관없이 모든 것이 하나님의 자녀에게 선을 이룹니다. "정직한 자에게는 흑암 중에 빛이 일어나나니"(시 112:4). 하나님의 어둡고 침울한 섭리 속에는 찬란한 햇빛이 들어 있습니다. 그러니 참된 신자는 얼마나 복된 상태에 있는 것입니까! 죽으면 하나님께로 가고, 살아있을 때에는 모든 것이 그에게 선을 이룰 테니까 말입니다.

시련도 그를 위한 것입니다. 불이 금을 손상시키는 것을 보셨습니까? 불은 다만 금을 깨끗하게 해줄 뿐입니다. 또한 키가 곡식을 손상시키는 것을 보셨습니까? 키는 겨를 날려버릴 뿐입니다. 이와 같이 하나님도 우리 영혼에 붙어 있는 먼지를 털어내실 경우를 제외하고는 막대기를 사용하시는 일이 없습니다.

여러 차례 말씀을 하셨는데도 듣지 않을 때, 하나님은 "그들의 귀를 열어 교훈을 듣게" 하시려고 고통을 주십니다(욥 36:10). 하나님께서 등을 때리셔야만 사람들은 하늘나라를 사모하게 됩니다. 하나님께서 자기 백성을 때리시는 것은 음악가가 아름다운 소리를 내기 위해 바이올린을 켜는 것과 같습니다. 고통을 신자들에게 참으로 많은 유익을 가져다 줄 것입니다. 깨지고 부숴져봐야 가장 단 향기를 풍깁니다. 고통의 뿌리는 쓰지만, 그 열매는 답니다. "의의 평강한 열매를 맺느니라"(히 12:11). 고통은 하늘나라로 가는 지름길입니다. 아무리 괴롭고 험할지라도 그 길은 가장 좋은 길입니다. 가난은 우리의 죄를 굶겨 죽일 것이며, 질병은 은혜를 더 유용하게 만들 것입니다(고후 4:16). 그리고 책망은 "영광의 영 곧 하나님의 영이 우리 위에 계시도록" 할 것입니다(벧전 4:14). 그리고 죽음은 눈물단지의 구멍을 메우고, 낙원의 문을 열어줄 것입니다.

신자의 죽는 날은 그가 여왕으로 올리워지는 날입니다. 자기 재산 목록에 자기가 당한 고통들을 적어 넣은 성도들에게는 이런 일이 일어납니다(히 11:26). 옛날 아테네에 데미스토클레스(Thenmistocles)라는 정치가가 있었습니다. 그는 주전 480년 페르시아 군대와의 접전 끝에 저 유명한 살라미스 해전을 승리로 이끌었지만, 왕의 눈 밖에 나서 조국에서 쫓겨나고 말았습니다. 망명 생활을 하던 중 그는 애굽 왕에게 발탁되어 등용되었습니다. 그는 자신의 처지를 생각하며 "내가 그 당시 쫓겨나지 않았더라면 죽었으리라."고 말했다고 합니다. 이와 같이 하나님의 자녀인 우리도 "내가 고난을 당하지 않았다면 망했을 것이요, 내가 건강과 재산을 잃지 않았다면 내 영혼을 잃었으리라"고 말해야 합니다.

(3) 경건한 사람들이 받는 위로 경건한 사람에게는 모든 것이 선을 이룹니다. 실로 이런 사실 때문에 이 세상 사람들이 기독교를 사랑하는 것이 아니겠습니까! 사람들에게 믿음을 일깨워주기에 이보다 더 좋은 것이 있겠습니까? 우리를 착한 사람으로 만들기에 이보다 더 좋은 것이 있겠습니까? 기독교는 모든 것을 금으로 변화시키는 참된 요술의 지팡이입니다. 기독교의 가장 어려운 부분, 곧 고통스런 부분을 취하십시오. 그러면 거기서 위로를 얻게 될 것입니다. 하나님은 기쁨으로 고통을 가라앉혀 주시며, 소태를 씹는 것처럼 쓰디 쓴 경험을 설탕처럼 달콤하게 만들어 주십니다. 하나님께서 이러한 선물을 이용하여 우리의 믿음을 키워주시다니 얼마나 놀라운 일입니까? "너는 하나님과 화목하고 평안하라 그리하면 복이 네게 임하리라"(욥 22:21). 일찍이 하나님과 가까이 지냈기 때문에 손해를 본 사람은 없습니다. 하나님과 가까이 지내는 사람에게는 선, 풍부한 선, 그리고 은혜의 단물과 감추인 하늘의 만나가 임할 것입니다. 그렇습니다. 하나님과 가까이 하는 사람에게는 모든 것이 선을 이룰 것입니다. 또한 하나님과 화목하게 지내는 사람이 하나님의 편을 드는 것은 당연한 일이기도 합니다.

(4) 악한 사람들에게 임하는 비참한 상태 경건한 사람들에게는 악한 것도 선을 이루지만, 악한 자들에게는 선한 것도 해를 끼칩니다.

① 세상사에 유익한 것들도 악한 자들에게는 해가 됩니다. 네로 황제

(주후 65년 사망)가 다스릴 때 특히 이름을 떨친 로마의 (스토아)철학자 요 저술가인 세네카는 "재물은 은혜가 아니라 함정"이라고 말했습니다. 다윗에게 미갈이 주어졌을 때 올무가 되었듯이(삼상 18:21), 세속적인 것들도 악한 자들에게 주어지면 올무가 되고맙니다. 독수리는 향기를 맡고 병을 찾아낸다고 합니다. 이처럼 악한 자들도 재물의 달콤한 향내로부터 병을 찾아낼 것입니다. 그러나 그들이 베푸는 자비는 색깔 좋은 독버섯과 같습니다. 그들의 식탁에는 진수성찬이 차려져 있지만, 그 미끼 아래에는 바늘이 달려있습니다. "밥상이 올무가 되게 하시며"(시 69:22). 그들이 누리는 온갖 기쁨은 하나님의 진노로 초를 친 이스라엘의 메추라기들과 같습니다(민 11:33).

윤택해지면 교만해지고 사치스러워지는 법입니다. "네가 살찌고"(신 32:15). 그 다음에 그는 하나님을 버렸습니다. 재물은 거미집처럼 아무 쓸모도 없을 뿐만 아니라, 독사의 알처럼 해롭기까지 합니다. "소유주가 재물을 자기에게 해 되도록 지키는 것이라"(전 5:13). 악한 자들이 공통적으로 지니고 있는 물욕은 그들을 하나님께로 이끄는 천연자석이 아니라 그들을 멸망에 빠뜨리는 이정표입니다(딤전 6:9). 그들의 산해진미는 하만의 연회와 같습니다. 호사스런 잔치가 끝난 후 그들에게 죽음이 청구된 것이며, 그들은 지옥에서 그 대금을 지불해야 합니다.

② 영적으로 선한 것들도 악한 자들에게는 해가 됩니다. 그들은 하늘나라의 복을 먹고 자란 꽃에서 독을 빨아냅니다. 똑같은 바람을 보고도 항구로 돌아가는 배가 있고, 흑암 속을 향해 항해하는 배가 있습니다. 또한 똑같은 성직자의 숨결에도 경건한 사람은 하늘로 올라가고, 세속적인 죄인은 지옥으로 떨어집니다. 생명의 말씀을 가지고 오는 사람들에게서 죽음의 기운을 느끼는 사람이 많습니다. "이 백성의 마음으로

둔하게 하며 그 귀가 막히게 하라"(사 6:10). 선지자 이사야는 이 백성의 장례식 설교를 하기 위해 슬픈 메시지를 가지고 왔습니다. 그러나 악한 자들은 설교를 듣고 더 완악해집니다. "무리가 성문에서 책망하는 자를 미워하는 도다"(암 5:10). 죄인들은 죄에 죄를 더할 뿐입니다. 하나님께서 아무리 원하시는 것을 말씀하셔도 그들은 제 할 일만 할 뿐입니다. "네가 여호와의 이름으로 우리에게 하는 말을 우리가 듣지 아니하리라"(렘 44:16). 설교 말씀을 들은 후에도 그들의 마음은 치유되는 것이 아니라, 오히려 더 완악해집니다. 설교를 듣고 지옥에 떨어진다는 것은 상상만 해도 무서운 일이 아닐 수 없습니다.

기도도 그들에게 해가 됩니다. "악인의 제사는 여호와께서 미워하시느니라"(잠 15:8). 악한 자는 큰 곤경에 빠져버립니다. 그가 기도하지 않는 것은 물론 죄이지만, 심지어 그가 드리는 기도조차 죄가 됩니다. "그 기도가 죄로 변케 하시며"(시 109:7). 살이 되고 피가 되어야 할 음식이 오히려 사람의 몸을 망치고 병들게 한다면 얼마나 통탄할 일이겠습니까. 악한 자에게는 기도가 바로 이런 음식과 같습니다. 다시 말해서, 유익이 되어야할 기도가 오히려 그에게는 해가 된다는 말입니다. 그의 공적들은 무신론으로 더럽혀지며 위선으로 얼룩지고 말았습니다. 하나님은 악한 자의 이러한 공적들을 싫어하십니다.

성만찬도 악한 자들에게는 해가 됩니다. "너희가 주의 상과 귀신의 상에 겸하여 참예치 못하리라. 그리면 우리가 주를 노여워하시게 하겠느냐"(고전 10:21,22). 신자들 중에는 우상의 잔치에 계속 참예하면서도 주의 식탁에 오는 자들이 있습니다. 사도 바울은 이런 자들에게 "너희가 주를 화내시게 하겠느냐?"고 묻습니다. 세상 사람들은 죄의 잔치를 즐거워하면서도 주의 식탁에 참예하고 싶어합니다. 하나님은 이런 자들을 싫어하십니다. 죄인의 잔에는 죽음이 있습니다. 즉 이런 자는 "자기의 죄를 먹고 마시는 것"입니다(고전 11:29). 이와 같이 성만찬은 완고한 죄인들에게 해가 됩니다. 마귀는 미끼를 따라 들어오는 법입니다.

완악한 죄인들에게는 그리스도 자신도 해가 됩니다. 그들에게는 그리스도가 "부딪히는 돌과 거치는 반석"이 됩니다(벧전 2:8). 그리스도는 악한 자들의 마음에서 부딪히는 돌이며 거치는 반석이 됩니다. 왜냐하면 그런 자들은 그리스도를 믿는 대신, 오히려 그리스도께 범죄를 저지르기 때문입니다. 본래 순결과 기쁨을 상징하는 태양도 염증이 있는 눈에는 해가 됩니다.

이처럼 예수 그리스도는 많은 사람을 흥하게 할 뿐만 아니라, 망하게도 합니다(눅 2:34). 죄인들은 구세주에 걸려 넘어지며, 생명의 나무에서 죽음을 거둬들입니다. 화학적으로 만들어진 기름은 병의 종류에 따라 양약이 될 수도 있고, 독약이 될 수도 있습니다. 그리스도의 피도 이와 마찬가지입니다. 즉 그리스도의 피는 사람에 따라 의약품이 될 수도 있고, 조롱거리가 될 수도 있습니다. 그러므로 죄 안에서 살다가 죽는 인생이야말로 비길 데 없이 비참한 것입니다. 그들에게는 가장 좋은 것도 해가 되기 때문입니다. 다시 말해 명약도 그들에게는 독약이 된다는 말입니다.

(5) 가장 나쁜 것으로도 신자들에게 선을 이루는 하나님의 지혜 하나님은 거룩한 화학요법을 사용하여 쓰레기에서 금을 채취해 낼 수 있으십니다. "깊도다 하나님의 지혜와 지식의 부요함이여"(롬 11:33). 하나님은 자신의 놀라운 지혜를 공개하려는 원대한 계획을 갖고 계십니다. 하나님은 요셉의 옥살이를 승진의 발판으로 삼으셨습니다.

요나는 구원받을 방법이 없었지만, 하나님이 물고기로 하여금 그를 삼키게 하셨기 때문에 구원을 받은 것입니다. 또한 하나님은 이스라엘이 애굽 사람들에게 미움을 받도록 버려두셨지만(시 106:41), 이것은 그들을 구원하는 수단이 되었습니다. 사도 바울은 쇠사슬에 묶였지만, 이 사슬은 복음을 널리 전파하는 수단이 되었습니다(빌 1:12). 하나님은 약한 것으로 부요케하시며, 재물을 줄이심으로써 더 풍성한 은혜를 베푸십니다. 이 세상의 것들이 우리에게서 멀어지면, 그리스도께서 우리에게 가까이 다가오실 것입니다.

하나님은 이상한 방식으로 역사하십니다. 하나님은 혼돈으로부터 질서를 만들어내시며, 불화로부터 조화를 이루어 내십니다. 하나님은 공의를 행하시기 위해 불의한 자들을 사용하시곤 합니다. "하나님은 마음이 지혜로우시니라"(욥 9:4). 하나님은 사람들의 분노에서 영광을 거둬들이시기도 합니다(시 76:10). 따라서 악한 자들은 그들이 꾀한 악한 일을 행하지 못하고 오히려, 그들이 꾀하지 않은 선한 일을 행하게 될 것입니다. 하나님은 조금이라도 희망이 있는 사람이면 누구든지 도와주시며, 멸망당하리라고 생각하는 사람들을 구원해 주십니다.

하나님은 이 세상을 구원하시기 위해 대제사장의 증오와 유다의 배신을 이용하셨습니다. 그런데도 우리는 현재 일어나고 있는 일만을 보고 성급하게 하나님을 원망하는 경향이 있습니다. 그것은 무식쟁이가 철학을 비난하거나 장님이 코끼리를 더듬는 격입니다. "허망한 사람은 지각이 없나니"(욥 11:12). 어리석은 짐승들은 하나님의 섭리를 비웃고, 하나님의 지혜를 이성의 창살이라고 부를 것입니다. 또한 그들은 하나님의 길을 "찾지 못할" 것입니다(롬 11:33). 그러므로 우리는 하나님의 길을 의심하기 보다는 찬양해야 합니다. 자비나 기적을 담고 있지 않은 하나님의 섭리는 결코 없습니다. 이와 같이 가장 나쁜 일들도 자녀들에게 유익하게 만드시는 하나님의 지혜야말로 참으로 놀랍고 무한합니다.

(6) 시련과 곤경을 당했다고 해서 불평할 필요는 없습니다!
결국에는 우리에게 유익을 가져다줄 일 때문에 불평해서야 되겠습니까! 모든 일은 결국 선을 이룰 것입니다. 하나님의 백성에게 불신앙과 성급함의 죄보다 더 큰 죄는 없습니다. 시련이나 곤경에 처했을 때 하나님을 믿지 않고 낙심하거나, 조바심을 내며 하나님께 불평하는 사람들이 많습니다. 그러나 이런 사람들은 "하나님을 사랑하는 자에게는 모든 것이 합력하여 선을 이루느니라."(롬 8:28)는 본문 말씀을 믿지 않는 것입니다. 시련을 이기고도 남을 자비를 얻은 우리가 하나님께 불평을 하는 것은 배은망덕의 죄를 범하는 것입니다. 그리고 하나님께서 시련을 우리에게 유익하도록 만드셨는데도 불평하는 것은 이치에 닿지 않는 짓입니다.

불평은 죄의 근원입니다. "불평하여 말라 행악에 치우칠 뿐이라"(시 37:8). 불평하는 사람은 행악에 치우칠 것입니다. 예컨대 불평하던 요나는 결국 죄를 짓고 말았습니다(욘 4:9). 악마는 열정과 불만을 부채질하여 그 불로 자신을 따뜻하게 합니다. 그러니 우리의 가슴 속에 화의 독사를 키우지 말아야 하겠습니다. "하나님을 사랑하는 자에게는 모든 것이 합력하여 선을 이루느니라"는 말씀에 힘입어 인내심을 키워야 하겠습니다. 우리에게 선을 이루도록 만드신 시련 때문에 하나님께 불평해서야 되겠습니까? 하나님께서는 고통을 줌으로써 우리를 괴롭히시지만, 결국은 그 일로 우리를 부요케 하십니다. 이와 같이 고통이 우리의 영광이 되는데도 하나님께 불평하시겠습니까?

(7) "하나님이 이스라엘에 선을 행하시느니라"(시 73:1) 나쁜 일이 일어나고, 하나님께서 자기 백성을 재로 덮으시며 "쑥으로 취하게 하시는"(애 3:15) 것을 보고, 우리는 하나님의 사랑에 의심을 품으

며 하나님께서 자기 백성을 학대하신다고 말할 것입니다. 그러나 그것은 옳지 않습니다. 하나님께서 모든 것이 이스라엘에 선을 이루도록 하셨으므로, 결국 그들에게 선을 베푸신 것입니다. 모든 것을 선하게 바꾸신 하나님을 선한 분이 아니라고 말할 수 있습니까? 죄를 가지고 은혜를 만들어 내신 하나님이 선한 분이 아니란 말입니까? "우리가 주께 징계를 받는 것이니 이는 우리로 세상과 함께 죄 정함을 받지 않게 하려 하심이라"(고전 11:32).

하나님께서 우리에게 고통을 주시는 것도 따지고 보면 파멸로부터 우리를 건져내기 위함입니다. 그러므로 우리는 언제나 하나님을 선하신 분으로 믿어야 합니다. 우리의 외적인 조건이 아무리 나쁘다 하더라도 "그러나 하나님은 선하시다."고 말해야 합니다.

(8) 성도들이 하나님께 그토록 자주 감사를 드려야 하는 이유 유감스럽게도 그리스도인들 중에는 하나님께 감사를 드리기를 싫어하는 사람들이 많습니다. 그들은 간구는 열심히 하면서도 감사 생활은 게을리합니다. 사도 바울은 "범사에 감사하라."고 말합니다(살전 5:18). 왜 그래야 할까요? 하나님은 모든 것이 우리에게 유익하도록 하셨기 때문입니다.

우리는 아무리 쓴 약을 사용하더라도 병을 고쳐주는 의사와 우리를 선대하는 사람에게 감사합니다. 하물며 모든 것이 우리에게 선을 이루도록 하시는 하나님께 감사하지 않을 수 있겠습니까? 하나님은 감사할 줄 아는 그리스도인을 사랑하십니다. 욥은 모든 것을 잃고서도 하나님께 감사를 드렸습니다. "취하신 자도 여호와시오니 여호와의 이름이 찬송을 받으실지니이다"(욥 1:21). 모든 것을 얻고서 하나님께 감사하는 사람은 많습니다. 그러나 욥은 모든 것을 잃은 상태에서도 하나님께 감사를 드렸습니다. 그가 그렇게 할 수 있었던 것은 하나님께서 모든 것을 취하심으로써 결국 선을 이루시리라고 믿었기 때문입니다.

성경에는 하나님을 찬양하기 위해 손으로 거문고를 타는 성도들에 관한 말씀이 나옵니다(계 14:2). 고난을 당할 때 눈물을 흘리며 하나님께 불평하는 그리스도인들은 많이 볼 수 있지만, 손으로 거문고를 타며 하나님께 찬양을 드리는 성도는 거의 없습니다. 성도라면 마땅히 고난 중에도 하나님께 감사를 드려야 합니다.

따뜻한 봄날에는 온갖 새들이 다 나와서 지저귀지만, 추운 겨울에 지저귀는 새는 별로 없습니다. 이처럼 행복할 때만이 아니라, 어려움에 처해서도 감사할 줄 아는 사람이야말로 진정한 성도인 것입니다. 훌륭한 그리스도인이라면 해가 떠오를 때뿐만 아니라, 해가 질 때에도 하나님께 찬양을 드릴 것입니다. 그러므로 모든 것이 선을 이룬다는 믿음을 가지고 있는 성도라면 곤경에 처했을 때에도 당연히 감사의 시를 읊을 것입니다. 하나님의 은혜를 받은 우리는 우리를 도우시는 하나님께 감사를 드려야 하겠습니다.

(9) 가장 나쁜 것들도 믿는 자들에게 선을 이루는데, 하물며 가장 좋은 것들, 곧 그리스도와 천국이야 두말할 필요가 있겠습니까! 이런 것들은 믿는 자들에게 얼마나 더 큰 선을 이루겠습니까! 십자가 안에 선한 것이 들어있는데 면류관은 어떻겠습니까? 골고다에서도 그처럼 귀중한 열매들이 자라는데, 가나안에서 자란 열매는 얼마나 달겠습니까? 마라의 물이 달다면, 낙원의 포도주야 두말해서 무엇 하겠습니까? 하나님의 지팡이 끝에도 꿀이 찍히는데, 금홀에야 두말해서 무엇 하겠습니까? 고난의 빵이 이토록 달진대, 만나야 두말해서 무엇 하겠으며, 하늘나라의 음식을 어찌 그렇지 못하다고 하겠습니까? 하

나님의 채찍과 회초리가 선을 이룰진대, 그의 미소야 당연하지 않습니까? 유혹과 고난도 기쁨이 되는데, 하물며 영광이야 당연하지 않습니까? 악에서도 선한 것이 나오는 데, 악이 없는 곳에서야 두말할 필요가 있겠습니까?

하나님의 징벌하시는 자비가 이토록 클진대, 은혜를 베푸시는 자비야 오죽하겠습니까? 이러한 진리를 깨달은 사람은 아무리 큰 역경에 부딪쳐도 낙심하지 않을 것입니다.

(10) 하나님께서 우리에게 선하도록 모든 것을 바꾸어 놓으셨는데, 우리는 모든 것으로 하나님께 영광을 돌려야 하지 않겠습니까! "다 하나님의 영광을 위하여 하라"(고전 10:31). 천사들도 하나님을 찬양하며 하나님께 찬양의 노래를 부릅니다. 그런데 그들보다도 더 많은 은혜를 받은 우리가 가만히 있어서야 되겠습니까! 하나님은 우리의 본성을 신성과 결합시킴으로써, 우리를 천사들보다 더 고귀하게 만드셨습니다. 그리스도는 천사들을 위해 죽지 않고 바로 우리를 위해 죽으셨습니다.

하나님은 우리에게 누구든지 가질 수 있는 선물만을 주신 것이 아니라, 언약의 축복으로 우리를 부요하게 해 주셨습니다. 즉 하나님은 우리에게 성령을 부어 주셨습니다. 하나님은 우리의 행복을 위해 모든 것이 우리에게 선을 이루도록 하십니다. 하나님은 우리에게 크신 은혜를 베푸사 구원하실 계획을 세우셨습니다. 이처럼 하나님께서 우리의 유익을 추구하시는데, 우리가 어찌 하나님의 영광을 구하지 않을 수 있단 말입니까?

| **질문** | 우리가 어떻게 하나님을 영화롭게 할 수 있단 말입니까? 하

나님은 본질적으로 완전하시기 때문에 우리의 도움을 받을 필요가 없으신데 말입니다.

| **대답** | 엄밀한 의미에서 우리는 하나님을 영화롭게 할 수 없지만, 복음적인 의미에서는 그렇게 할 수 있습니다. 우리 주님은 이 세상에서 하나님의 이름을 드높이며, 다른 사람들에게 하나님에 대한 외경심을 불러일으키는 것이 바로 하나님을 영화롭게 하는 것이요, 하나님의 이름을 망령되이 일컫는 것이 하나님을 불명예스럽게 만드는 것이라고 말씀하십니다. 하나님을 영화롭게 하는 방법에는 세 가지가 있습니다.

① 하나님을 영화롭게 하는 일을 삶의 목표로 삼고, 사고의 출발점으로 삼으며, 최종적인 목적으로 삼을 때, 모든 강물이 바다로 흘러들고 모든 선들이 중심에 모이듯이 우리의 모든 활동도 하나님께로 모여들어 거기서 끝납니다.

② 은혜의 열매를 풍성히 맺을 때 "너희가 과실을 맺으면 내 아버지께서 영광을 받으실 것이요"(요 15:8). 열매를 맺지 못하는 것은 하나님을 불명예스럽게 하는 것입니다. 우리가 백합화처럼 아름답고, 히말라야 삼나무처럼 크게 자라나서, 포도나무처럼 많은 열매를 맺는 것이 곧 하나님을 영화롭게 하는 것입니다.

③ 스웨덴의 어느 왕은 자기가 행한 모든 것에 대한 찬양과 영광을 하나님께 돌리면서 다음과 같은 훌륭하면서도 겸손한 말을 했다고 합니다. "하나님이 받으셔야 할 영광을 내가 받음으로써 나의 임무가 끝나기도 전에 제거되지나 않을까 두렵도다." 누에는 비단을 짤 때, 고치 속에 몸을 감추고 있기 때문에 그 모습이 보이지 않습니다. 우리도 최선을 다하고 난 다음에는 겸손하게 모든 영광을 하나님께 돌려야 합니다. 사도 바울은 "내가 모든 사도보다 더 많이 수고하였으나."라고 말했습니

다(고전 15:10). 이 말을 듣고 그를 교만하다고 여길 사람도 있을지 모르지만, 그는 오히려 영광의 면류관을 벗고 하나님의 은혜를 머리에 썼습니다. "내가 아니요 오직 나와 함께 하신 하나님의 은혜로다." 로마 최초로 그리스도인이 된 황제인 콘스탄틴(주후 337년 사망)은 그리스도의 이름을 문에 적곤 했습니다. 우리도 이와 같이 우리의 임무에 그리스도의 이름을 적어야 하겠습니다.

우리는 하나님의 이름을 드높이고 영화롭게 하려고 노력해야 하겠습니다. 하나님께서 우리의 선을 추구하실진대, 우리도 마땅히 하나님의 영광을 구해야 합니다. 하나님께서 모든 것으로 우리를 교화시키려고 하실진대, 우리도 모든 것으로 하나님께 영광을 돌려야 하겠습니다. 본문에 언급되어 있는 특권이란 바로 이런 것입니다.

제4장

하나님에 대한 사랑

이제 성경 본문의 두 번째 일반적인 가지, 곧 이 특권을 누리는 사람들에 대해 언급해 보기로 하겠습니다. 한마디로 그들은 하나님을 사랑하는 사람들입니다. "하나님을 사랑하는 자에게는 모든 것이 합력하여 선을 이루느니라."

하나님을 멸시하고 미워하는 자는 이 특권을 누릴 자격이 없습니다. 이 특권은 하나님의 자녀들의 양식이므로 하나님을 사랑하는 사람들만이 누릴 수 있습니다. 사랑은 기독교의 정신이요 본질이므로, 여기서는 사랑에 대해 더 자세히 다루어야 하겠습니다. 그러기에 앞서 먼저 하나님에 대한 사랑과 관련해서 우리가 꼭 알아야 할 다섯 가지 사항을 고찰해 보겠습니다.

1. 사랑의 본질

사랑이란 가슴이 부풀어 오르는 것, 혹은 애정이 불타오르는 것입니다. 지고의 선이신 하나님에 대한 이와 같은 사랑이 그리스도인에게 생기를 불어넣어 줍니다. 사람에게 있어서 사랑은 시계추와 같은 것입니다. 그리고 날개만 있으면 하늘로 날아갈 수 있듯이, 사랑만 있으면 우리도 하나님께로 다가갈 수 있습니다. 또한 바늘이 자석에 붙어서 떨어지지 않듯이, 사랑만 있으면 우리도 하나님께 붙어 있을 수 있습니다.

2. 사랑의 토대

그것은 앎입니다. 알지 못하는 것을 사랑할 수는 없습니다. 하나님의 마음을 감동시킬 만큼 멋진 사랑을 하려면, 하나님이 가지고 계신 다음의 세 가지 특징을 알아야 합니다.

(1) 충만함(골 1:19) 하나님은 충만한 은혜로 우리를 정결케 하시며, 충만한 영광으로 우리에게 상급을 내려주십니다. 여기에서 말하는 충만함은 가득함만을 의미하는 것이 아니라, 차고 넘침을 의미합니다. 하나님은 바닥도 없고 둑도 없는, 선으로 충만한 바다이십니다.

(2) 값없음 자비와 은혜를 베푸는 것은 하나님의 본질적인 속성입니다. 벌집에서 꿀이 떨어지듯이 자비와 은혜도 그렇게 하나님에게서 떨어집니다. "원하는 자는 값없이 생명수를 받으라"(계 22:17). 하나님의

자비와 은혜를 받기 위해서 돈은 필요 없습니다. 오직 간절한 마음만 있으면 됩니다.

(3) 소유 우리는 하나님이 가지고 계신 이 충만한 은혜와 자비가 우리의 것임을 알아야 합니다. "이 하나님은 우리 하나님이시라"(시 48:14). 이것, 즉 하나님의 신성과 하나님에 대한 우리의 관심이 바로 사랑의 토대입니다.

3.   사랑의 종류

사랑에는 세 가지 종류가 있습니다.

(1) 인정하는 사랑 지고의 선이신 하나님께 높은 가치를 부여하고 있는 사람이라면 하나님만 계시면 그 밖의 다른 모든 것은 중요하지 않다고 여길 만큼 하나님을 소중히 생각합니다. 해가 뜨고 나면 별들은 지기 마련입니다. 이처럼 의로운 태양이 한껏 빛을 발하면, 세속적인 모든 것들은 우리의 생각에서 사라지고 맙니다.

(2) 만족과 기쁨의 사랑 사랑하는 친구를 보고 있으면 기쁨이 용솟음칩니다. 하나님을 사랑하는 사람은 보물을 손에 쥐었을 때처럼 하나님을 보고 기뻐할 것이며, 하나님을 중심으로 삼고 하나님 안에 거할 것입니다. 마음을 하나님께 두었으니 더 바랄 것이 무엇이겠습니까? "아버지를 우리에게 보여 주옵소서 그리하면 족하겠나이다"(요 14:8).

(3) 자비로운 사랑 이 말은 하나님의 목적에 맞게 살기를 바란다는

뜻입니다. 친구를 사랑하는 사람은 그 친구의 행복을 진심으로 바랍니다. 우리가 이웃들에게 자비를 베푸는 것은 하나님을 사랑한다는 증거입니다. 우리는 하나님이 모든 사람들에게 골고루 관심을 가져주시기를 바랍니다. 그리고 우리는 하나님의 이름이 명예롭게 되고, 하나님의 권능의 지팡이인 복음이 아론의 지팡이처럼 꽃을 피우고 열매를 맺기를 기도합니다.

4. 사랑의 특성

(1) 하나님께 대한 우리의 사랑은 온전해야 합니다. 다시 말해서 마음을 다해 하나님을 사랑해야 한다는 말입니다. "네 마음을 다해 주 너희 하나님을 사랑하라"(막 12:30). 옛 율법에 보면 대제사장은 과부나 창녀와 결혼해서는 안 된다고 기록되어 있습니다. 과부와 결혼할 수 없는 이유는 그가 그녀의 첫사랑이 아니기 때문이고, 창녀와 결혼할 수 없는 이유는 그녀의 사랑이 온전하지 못하기 때문입니다. 하나님은 온전한 마음으로 백성들을 사랑하십니다. "저희가 두 마음을 품었으니"(호 10:2). 진실한 어머니는 자녀에게 두 마음을 품지 않을 것입니다. 이처럼 하나님도 두 마음을 품지 않으십니다. 하나님은 우리 마음의 커다란 공간을 죄에 빼앗긴 채 한쪽 구석만 자리 잡고 있는 동거인이 아닐 것입니다. 따라서 하나님에 대한 사랑은 온전해야 합니다.

(2) 하나님에 대한 사랑은 진실해야 합니다. "우리 주 예수 그리스도를 변함없이 사랑하는 모든 자에게 은혜가 있을지어다"(엡 6:24). 진실하다는 말은 아주 깨끗한 것을 가리킵니다. 하나님에 대한 사랑이 깨끗하고 사심이 없을 때 우리는 그것을 진실한 사랑이라고 말

합니다. 학자들은 이것을 가리켜 우정이라고 부릅니다. 어거스틴은 말하기를, 그리스도이기 때문에 우리는 그리스도를 사랑해야 한다는 것입니다. 포도주의 단맛 때문에 포도주를 애호하듯이 말입니다. 하나님의 아름다움과 사랑이 하나님을 사랑하도록 우리의 마음을 잡아당기는 자격임에 틀림없습니다. 마케도니아의 왕이요 페르시아 제국의 정복자인 알렉산더(주전 323년 사망)에게는 헤페스티온(용모와 키가 비슷해서 사람들이 자주 알렉산더로 오인했던 인물)과 크라테루스라는 친구가 있었습니다. 알렉산더는 그들에 대해 "헤페스티온은 인간 알렉산더를 사랑하고 크라테루스는 알렉산더 왕을 사랑한다."고 말했습니다. 헤페스티온은 그의 인격을 사랑한 것이고 크라테루스는 그의 조건을 사랑한 것입니다.

하나님이 본질적으로 우월하시기 때문이 아니라, 곡식과 포도주를 제공해주시기 때문에 하나님을 사랑하는 사람이 많습니다. 우리는 하나님의 조건이 아니라, 하나님의 인격을 사랑해야합니다. 진정한 사랑은 이익을 따지지 않습니다. 자식을 진정으로 사랑하는 어머니가 자식에게서 대가를 바라지 않듯이, 하나님을 진심으로 사랑하는 사람은 대가를 바라지 않습니다. 하나님 안에서 빛나는 아름다운 광채 때문에 사랑하지 않을 수 없는 것, 그것이 바로 진실한 사랑인 것입니다.

(3) 하나님에 대한 우리의 사랑은 열렬해야 합니다. "사랑하다"를 뜻하는 히브리어는 열렬한 애정을 의미합니다. 성도는 거룩한 사랑에 불타는 스랍이어야 합니다. 냉랭하게 사랑하는 것은 사랑하지 않는 것과 같습니다. 태양도 뜨거울 때 더 찬란하게 빛나는 법입니다. 하나님에 대한 우리의 사랑은 매우 강렬한 로뎀나무 숯불(시 120:4)처럼 강렬하고 열렬해야 합니다. 그러나 이 세상의 것들에 대한 사랑은 냉

정해야 합니다. 다시 말해서 사랑하지 않는 듯이 사랑해야 한다는 말입니다(고전 7:30). 그러나 하나님에 대한 사랑은 뜨겁게 타올라야 합니다. 신부는 그리스도를 사랑하므로 병이 났습니다(아 2:5). 우리가 아무리 뜨겁게 하나님을 사랑한다 해도 하나님을 충족시킬 수는 없습니다. 하나님이 우리에게 가하시는 어떠한 징벌도 우리의 죄보다는 가볍듯이(스 9:13), 우리가 아무리 하나님을 사랑한다 해도 우리를 향한 하나님의 사랑에는 미치지 못합니다.

(4) 하나님에 대한 우리의 사랑은 적극적이어야 합니다.

사랑이란 본래 매우 적극적인 요소인 불과 같은 것입니다. 하나님에 대한 우리의 사랑은 사랑의 수고라고 일컬어집니다(살전 1:3).

사랑은 아무런 쓸모도 없는 값싼 호의가 아닙니다. 사랑은 머리로는 하나님을 탐구하도록 하며 발로는 하나님이 명하신 길을 달려가도록 합니다. "그리스도의 사랑이 우리를 강권하시는도다"(고후 5:14). 사랑하는 척하는 것으로는 부족합니다. 진정한 사랑은 혀끝에서가 아니라 손가락 끝에서 느낄 수 있습니다. 그러므로 진정한 사랑은 사랑의 수고인 것입니다. 에스겔 1:8절에 언급되어 있는 생물들에는 날개가 달려 있었습니다. 이 날개들은 선한 그리스도인의 상징입니다. 그러나 선한 그리스도인은 날아갈 수 있는 믿음의 날개만 가지고 있는 것이 아닙니다. 그의 날개 밑에는 수고하는데 쓰는 손도 있습니다. 이렇듯 선한 그리스도인은 사랑으로 수고하고 그리스도를 위해 모든 것을 다 버립니다.

(5) 하나님에 대한 우리의 사랑은 아낌이 없어야 합니다.

우리는 하나님께 사랑한다는 표시를 보여야 합니다(고전 13:4). 사랑은 친절합니다. 사랑하는 사람은 부드러운 말씨와 온유한 마음을 가져야 합니다.

다윗의 가슴이 하나님에 대한 사랑으로 불타올랐을 때 하나님은 이러한 다윗의 사랑에 값을 지불하셨습니다(삼하 24:24). 사랑은 마음을 자비롭게 할 뿐만 아니라, 자선도 베풀게 합니다. 사랑으로 말미암아 마음의 문이 활짝 열렸는데 어떻게 손을 꽉 움켜쥘 수 있단 말입니까? 그리스도를 사랑하는 사람이라면 성도들에게도 아낌없이 나눠줄 것입니다. 즉 눈먼 자의 눈이 되어주고 절름발이의 발이 되어줄 것입니다. 그가 자선이라는 황금 씨앗을 뿌리게 되면 가난한 사람의 등과 배 사이에는 고랑이 생길 것입니다. 입으로는 하나님을 사랑한다고 말하면서 손으로 사랑을 실천하지 않는다면, 그 사랑은 아무런 쓸모도 없는 무용지물인 것입니다. 사실 우리는 눈에 보이지 않는 분을 믿지만, 하나님은 눈에 보이지 않는 사랑은 싫어하십니다. 사랑은 새 부대에 들어있는 새 포도주와 같습니다. 그래서 좋은 일에 사랑을 터뜨려야 하는 것입니다.

사도 바울은 마게도냐 교회들을 칭찬하면서, 그들이 가난한 성도들에게 힘 있는 만큼만이 아니라 힘에 지나도록 자원하여 자선을 베풀었다고 말합니다(고후 8:3). 사랑은 긍정에서 싹트는 고귀하고 후한 은혜입니다.

(6) 하나님에 대한 우리의 사랑은 특별해야 합니다. 하나님을 진정으로 사랑하는 사람이라면, 나쁜 사람이나 물건을 하나님과 똑같이 사랑하지는 않을 것입니다. 즉 하나님께서 자기 백성에게 주신 선택적이고 관용적인 사랑을 악한 자들에게는 주지 않듯이, 신앙인도 하나님께 드린 특별한 사랑을 다른 사람에게는 결코 주지 않을 것입니다.

"내가 너희를 정결한 처녀로 한 남편인 그리스도께 드리려고 중매함이로다"(고후 11:2). 아내는 한 남편만을 사랑해야 합니다. 다시 말해서 아내로서의 사랑을 남편 이외의 다른 남자에게 주어서는 안 된다는 말입니다. 이와 같이 그리스도의 신부인 성도도 그리스도에게 특별한 사랑, 다른 어느 누구에게도 줄 수 없는 사랑, 즉 숭배가 깃든 사랑을 베풀어야 합니다.

성도는 하나님을 사랑하기만 할 것이 아니라 자신을 하나님께 맡겨야 합니다. "나의 누이, 나의 신부는 잠든 동산이요"(아 4:12). 신자의 마음은 그리스도의 동산입니다. 그 동산에서 자라는 꽃은 하나님에 대한 예배가 깃든 사랑이며 이 꽃은 그리스도만이 사용할 수 있습니다. 신부는 그리스도 외에는 아무도 들어오지 못하도록 정원 열쇠를 잘 간수해야 합니다.

(7) 하나님에 대한 사랑은 영원해야 합니다. 하나님에 대한 사랑은 베스타 여신(벽난로 여신)에게 바쳐진 처녀들(이방 로마에 있던 베스타 신전의 여사제들)이 로마에서 지키던 불처럼 영원히 꺼지지 않아야 합니다. 진정한 사랑은 끓어서 넘치는 일이 있어도 끊어지는 일은 없습니다. 우리가 가식 없이 진정으로 하나님을 사랑한다면, 하나님을 배신하는 일은 없을 것입니다. 사랑은 맥박처럼 쉬지 않고 뜁니다. 사랑은 고정되어 있는 땅이 아니라 흘러넘치는 샘입니다. 악한 자들이 늘 죄를 사랑하기 때문에 수치도 질병도 지옥에 대한 두려움도 갖지 않고 죄에 자신들을 내맡기려고 하는 것처럼, 하나님에 대한 그리스도인의 사랑도 방해할 수 없습니다. 어떠한 고난과 역경에도 하나님에 대한 사랑은 꺾이지 않습니다. "사랑은 죽음같이 강하고"(아 8:6). 무덤이 강인한 용사들도 삼켜버리듯이, 사랑은 극심한 어려움들도 삼켜버립니다. "이 사랑은 많은 물이 꺼치지 못하겠고"(아 8:7). 쾌락의 단물도 박해의 쓴물도 하나님에 대한 우리의 사랑을 끄지 못합니다!

하나님을 사랑하는 사람은 죽음도 불사합니다. "뿌리가 박히고 터가 굳어져서"(엡 3:17). 왕겨나 깃털처럼 가벼운 것들은 바람이 조금만 불어도 날아가 버리지만, 뿌리 깊은 나무는 폭풍우에도 끄떡하지 않습니다. 사랑에 뿌리를 내리고 있는 사람은 온갖 어려움과 역경도 다 견뎌냅니다. 진정한 사랑은 끝이 없고 영원합니다.

5.   사랑의 정도

우리는 다른 무엇보다도 하나님을 더 사랑해야 합니다. "땅에서는 주밖에 나의 사모할 자 없나이다"(시 73:25). 하나님은 모든 선한 것들의 정수이시며 지고의 선이십니다. 하나님을 지고하신 분으로 여기고 모든 우월한 속성들이 하나님께 다 모였다고 찬양하는 사람은 하나님을 가장 사랑하는 사람입니다. 하나님에 대한 우리의 사랑의 척도는 측량할 수 없어야 한다고 버나드(클레어벅스의 버나드, 1153년)는 말했습니다. 그가 지은 찬송으로는 "오 거룩하신 주님"과 "날 구원하신 예수를"이 있습니다. 우리는 행복의 근원이신 하나님께 가장 값진 사랑을 드려야 합니다. 우리가 다른 것들에게 사랑의 우유를 준다면, 하나님께는 우유에서 뽑아낸 크림을 드려야 합니다. 하나님에 대한 우리의 사랑은 다른 모든 것보다 위에 있어야 합니다.

우리는 가까운 이웃이나 친척들보다 하나님을 더 사랑해야 합니다. 아브라함이 이삭까지도 하나님께 바쳤듯이 말입니다. 이삭은 아브라함이 다 늙어서야 겨우 얻은 아들이었습니다. 그러니 그가 그 아들을 얼마나 애지중지하고 귀여워했겠습니까! 그런데 하나님께서는 아브라함에게 "네 아들을 번제로 드리라."(창 22:2)고 말씀하셨습니다. 이 말씀은 이치에 닿지도 않을 뿐더러 그의 신앙을 송두리째 뒤흔들어 놓는 것처럼 여겨졌습니다. 구세주께서 이삭의 후손으로 오신다고 했는데 이삭에서 대가 끊기면 구세주는 어떻게 세상에 오신단 말인가! 그러나 이런 의심도 떨쳐버릴 수 있을 만큼 하나님에 대한 그의 믿음이 확고했고, 그의 사랑이 강렬했기 때문에, 그는 마침내 희생제사 때 사용하는 칼을 집어 들어 이삭의 몸을 베려고 했습니다.

은혜로우신 우리의 구세주께서도 부모를 미워하라고 말씀하십니다(눅 14:26). 이 말은 천륜을 어기라는 말이 아닙니다. 우리에게 소중한 사람들이 길을 막고 있어서 우리가 그리스도께로 다가갈 수 없다면, 우리는 그들을 넘어가거나 모른 척해야 한다는 뜻입니다(신 33:9). 소중한 사람들에게도 사랑을 몇 방울 떨어뜨려 줄 수는 있겠지만, 우리의 사랑을 쏟아 부어야 할 대상은 그리스도밖에 없습니다. 사랑하는 사람을 가슴에 안더라도 그리스도는 영혼 깊은 곳에 모셔야 합니다.

재물보다 하나님을 더 사랑해야 합니다. "너희 산업을 빼앗기는 것도 기쁘게 당하라"(히 10:34). 그리스도를 사랑하는 사람은 그리스도를 위해 재물을 잃는 것도 그저 즐겁습니다. 저울의 양측에 세상과 그리스도를 올려놓고 측량했을 때 저울이 그리스도 쪽으로 기울어야 합니다. 여러분은 어떻습니까? 사랑이라는 저울에 올려놓고 재어 볼 때 하나님이 더 무겁던가요?

『플루타크의 영웅전』을 쓴 희랍의 저술가 플루타크는 "집정관이 나타나서 로마를 다스리는 동안에는 다른 모든 권력이 중지되었다."고 말했습니다. 이와 같이 우리의 마음도 하나님의 사랑으로 가득 차 있으면, 다른 모든 사랑은 끊어져 버리고 맙니다. 그러니 하나님의 사랑에 비할 것이 무엇이겠습니까.

| **적용** | 하나님을 사랑하지 않는 사람에게 주는 신랄한 훈계

하나님을 조금도 사랑하지 않는 그런 극악무도한 사람이 어디 있단 말입니까? 하나님을 사랑하지 않는 사람은 인간의 탈을 쓴 짐승입니다. 아 비열한 자여! 매일매일 하나님의 덕으로 살아가면서 하나님을 사랑하지 않는다니, 도대체 말이 됩니까? 늘 필요한 것을 공급해주고 헌신적으로 도와주는 친구를 존경하지 않는 사람은 짐승보다도 못한 자입니다. 하나님이 바로 그런 친구이십니다. 하나님은 여러분에게 생기를 불어넣어 주시고 생명을 부여하셨습니다. 그런데도 그런 하나님을 사랑하지 않는단 말입니까? 생명을 구해준 은인을 사랑하지 않는 사람은 없습니다. 그런데 하물며 생명을 부여해 주신 하나님을 여러분은 사랑하지 않을 수 있습니까?

거룩하신 하나님만큼 강렬하게 우리의 사랑을 끌어당기는 자석이 과연 있습니까? 아름다운 것을 보고도 마음이 끌리지 않는 사람은 장님입니다. 그리고 사랑의 굴레에 묶이지 않는 사람은 목석입니다. 몸이 싸늘하게 식는 것이 죽음의 징조이듯이, 이처럼 영혼 속에 하나님에 대한 사랑의 열정을 간직하고 있지 못한 사람은 죽은 자입니다. 하나님을 사랑하지 않는 자가 어떻게 하나님의 사랑을 기대할 수 있겠습니까? 증오와 적의의 독을 뿜어대는 독사를 하나님께서 가슴에 품고 싶으시겠습니까?

하나님을 사랑하지 않고 하나님께서 싫어하는 것만을 골라하는 현대의 무신론자들은 이런 비난을 받아 마땅한 자들입니다. "그 죄를 숨기지 아니함이 소돔과 같으니"(사 3:9). 거만하고 불경건하게도 그들은 "저희 입은 하늘에 두고"(시 73:9) 하나님을 공공연히 비난합니다. 그들은 괴물이며, 인간의 형상을 한 악마입니다. 그들에게 장차 그들의 운명이 어떻게 될 것인지를 알려줍시다. "만일 누구든지 주를 사랑하지 아니하거든 저주를 받을지어다"(고전 16:22). 즉 그들은 그리스도께서 심판하러 오실 때까지 저주 아래 놓이게 됩니다. 살아서 저주를 받은 사람은 무시무시한 주의 날에 하나님으로부터 슬픈 선고를 받게 될 것입니다. "저주를 받은 자들아, 나를 떠나거라."

제 5 장

하나님에 대한
사랑의 시험

이제 우리가 정말 하나님을 사랑하는지에 대해서 냉철하게 시험해봅시다. 우리가 하나님을 정말로 사랑하는지는 그 열매를 보면 알 수 있습니다. 제가 하나님을 사랑한다는 징표들 혹은 열매들을 14가지 열거해 보겠으니, 여러분은 이중에서 어떤 열매들이 여러분의 정원에서 자라고 있는지를 주의 깊게 살펴보시기 바랍니다.

1. 하나님을 생각하는 것

우리는 사랑하는 사람이나 대상을 항상 생각합니다. 그러므로 하나님을 사랑하는 사람은 자나 깨나 하나님만을 생각합니다. "내가 깰 때에도 오히려 주와 함께 있나이다."(시 139:18). 순례자들이 바로 이렇게 하나님만을 생각했습니다. 하나님은 보물이십니다. 그런데 보물이 있는 곳에는 마음도 있는 법입니다. 이런 기준으로 하나님에 대한 우리의 생각을 시험해 봅시다. 우리는 무엇을 생각합니까? 하나님을 생각할 때마다 기쁨이 충만했다고 말할 수 있습니까? 우리는 생각의 나래를 펴고 하늘로 올라가고 있습니까?

또한 자나 깨나 그리스도의 영광만을 생각한다고 말할 수 있습니까? 하나님을 생각하지 않는 사람은 진실로 하나님을 사랑하지 않는 자들입니다! "그 모든 사상에 하나님이 없다 하나이다"(시 10:4). 죄인은 하나님을 생각하지도 않으려고 합니다. 죄수가 재판관을 생각할 때 그렇듯이, 죄인도 하나님을 생각할 때마다 늘 두렵기 때문입니다.

2. 하나님과 교제하기를 바라는 것

우리는 사랑하는 사람과 가까이 지내기를 바랍니다. "내 마음과 육체가 생존하시는 하나님께 부르짖나이다"(시 84:2). 하나님의 임재장소인 언약궤가 있던 하나님의 전에서 쫓겨난 다윗 왕은 하나님을 사모하기 때문에 생존하시는 하나님을 향해 부르짖었습니다. 이와 같이 사랑하는 사람들은 서로 친밀하게 지냅니다.

이처럼 하나님을 사랑하는 사람이라면 하나님의 율법도 소중히 여길 것입니다. 왜냐하면 율법을 통해서 하나님과 만날 수 있기 때문입니다. 하나님은 말씀인 성경을 통해서 우리에게 이야기하시고, 우리는 기도를 통해 하나님과 대화를 나눕니다. 이런 기준을 가지고 하나님에 대한 우리의 사랑을 시험해 봅시다. 하나님과 친밀하게 지내기를 바랍니까? 사랑하는 사이라면 상대방을 어떻게 멀리할 수 있겠습니까! 하나님을 정말 사랑하고 소중히 여기는 사람이라면 한순간도 하나님을 멀리하고 싶지 않을 것입니다. 하나님을 사랑하는 사람은 하나님만 계시면, 설령 부족한 것이 있더라도 얼마든지 견뎌낼 수 있습니다. 하나님을 사랑하는 사람은 건강하지 못하거나 친구가 없어도 살 수 있고, 풍성한 식탁이 없어도 행복할 수 있지만, 하나님 없이는 행복을 누릴 수가 없습니다. "주의 얼굴을 내게서 숨기지 마소서. 내가 무덤에 내려가는 자 같을까 두려워하나이다."(시 143:7).

우리는 사랑하는 사람이 우리를 멀리하게 되면 몹시 낙심을 합니다. 다윗도 하나님의 얼굴을 보지 못하면 낙심하다가 죽을 것 같다고 고백했습니다. 하나님을 사랑하는 사람들은 하나님 없이, 율법을 소유하는 것만으로 결코 만족할 수 없습니다. 그것은 꿀이 아니라 꿀이 담긴 잔을 핥는 격이기 때문입니다.

평생토록 하나님 없이 산 사람들에게 우리는 무슨 말을 할 수 있겠습니까? 그들은 하나님 없이도 얼마든지 행복하게 잘 살 수 있다고 생각합니다. 그래서 그들은 건강하지 못하다고, 혹은 장사가 안 된다고 푸념을 늘어놓을지언정 하나님이 안 계신다고 한탄하지는 않습니다. 악한 자들은 하나님을 알지 못하기 때문입니다. 그러니 알지도 못하는 하나님을 어떻게 사랑할 수 있겠습니까! 게다가 더 나쁜 것은 그들이 하나님을 알려고도 하지 않는다는 점입니다.

"그들은 하나님께 밀하기를 우리를 떠나소서. 우리가 주의 도리 알기를 즐겨하지 아니하나이다(욥 21:14). 하나님과의 접촉을 피하고 싶어 하며, 하나님과의 임재를 부담스럽게 생각하는 죄인들을 가리켜 하나님을 사랑하는 사람이라고 할 수 있을까요? 남편이 곁에 있는 것을 싫어하는 여자를 보고 남편을 사랑한다고 말할 수 있겠습니까?

3. 죄를 슬퍼하는 것

하나님을 사랑하는 사람이라면, 하나님께 지은 죄로 인해 슬퍼할 것입니다. 아버지를 사랑하는 자식이라면 아버지께 저지른 잘못 때문에 울지 않을 수 없습니다. 사랑하는 아버지가 불쌍해서 눈물을 흘리는 것입니다. '아! 나를 이토록 애지중지해 주시는 구세주의 사랑을 저버리다니! 주님께서 이미 십자가에서 고통을 당할 만큼 당하셨는데 내가 어찌 그분께 더 큰 고통을 안겨드린단 말인가? 내가 어찌 그분께 더 많은 쓸개즙과 식초를 드릴 수 있으리오? 내가 과연 하나님께 불성실하였구나! 나는 그동안 그분의 영을 슬프게 하고, 그분의 거룩한 명령을 짓밟으며, 그분의 피를 가볍게 여겼구나!' 이렇게 생각하다 보면 다시 하나님을 향한 슬픔이 복받쳐 오르고 가슴은 찢어질 듯이 아파옵니다. "베드로가 밖에 나가서 심히 통곡 하니라"(마 26:75).

그리스도께서 그토록 자기를 사랑해 주시고, 환상으로 하늘의 영광을 보여주시려고 자기를 변화산으로 데려 가셨는데 자기 자신은 그리스도로부터 엄청난 사랑을 받고도 그리스도를 부인했던 것을 생각하니 슬픔이 복받쳐 올랐습니다. 그래서 그는 밖으로 나가서 심히 통곡했습니다.

이런 기준으로 하나님에 대한 우리의 사랑을 시험해 봅시다. 하나님을 향해 슬픔의 눈물을 흘려본 적이 있습니까? 하나님께 충실하지도 못하고, 하나님의 자비를 악용하고, 받은 달란트를 갈고 닦지 못한 죄 때문에 슬픔을 느껴본 적이 있습니까? 매일 죄를 지으면서도 양심의 가책을 느끼지 않는 사람이 어찌 하나님을 사랑할 수 있습니까! 그런 사람은 조금도 슬퍼하지 않고 유유히 죄의 바다를 항해합니다. 그런 사람은 죄를 즐기면서도 조금도 괴로워하지 않습니다. "그가 악을 행하며 기뻐하도다"(렘 11:15). 아 비열한 자여! 그를 비웃는단 말입니까? 그것은 하나님을 조금도 사랑하지 않는 것입니다. 어떻게 사랑하는 친구를 괴롭힐 수 있단 말입니까?

4. 담대함

사랑을 하게 되면 비겁했던 사람도 용감해집니다. 사랑을 위해서라면 어떤 어려움과 역경에도 굴하지 않고 맞서 싸울 자세를 지니게 됩니다. 아무리 겁이 많은 암탉도 병아리를 지키기 위해서라면 위험을 무릅쓰고 개나 뱀의 주위를 맴돌며 감시합니다. 이와 마찬가지로 하나님을 사랑하는 그리스도인이라면 용감무쌍해야 합니다. 어떤 일이 있어도 하나님의 크신 뜻을 저버리지 않고, 하나님을 변호해야 합니다. "우리는 보고 들은 것을 말하지 아니할 수 없도다"(행 4:20). 그리스도를 영접하길 두려워한다면, 그것은 그분을 사랑하지 않기 때문입니다.

니고데모는 밤중에 몰래 그리스도에게 왔습니다(요 3:2). 대낮에는 그리스도를 만나기가 두려웠기 때문입니다. 그러나 사랑은 두려움을 몰아냅니다. 해가 뜨면 안개가 걷히듯 사라집니다. 진정으로 하나님을 사랑하는 사람이 그분의 은혜로운 진리의 말씀을 거스르거나 그 말씀에 침묵할 수 있겠습니까? 사랑하는 친구가 사람들에게 비난을 받을 때, 우리는 그의 입장을 변호하려고 애쓸 것입니다. 그리스도께서는 하늘에서 우리를 변호하시는데 우리는 땅에서 그리스도를 변호하기를 두려워해서야 되겠습니까? 하나님을 사랑하는 사람은 활기에 넘치고 그의 가슴은 열심히 불타올라 무쇠같이 단단해질 것입니다.

5. 예민함

하나님을 사랑하는 사람은 악한 자들이 하나님을 모독하는 것을 보면 가슴이 아플 것입니다. 하나님을 사랑하는 사람이라면 종교와 도덕의 둑이 무너지고 악이 물밀 듯이 밀려들어오며, 하나님의 안식일이 모독을 당하고, 하나님의 맹세가 위배되며, 하나님의 이름이 땅에 떨어지는 것을 보고서 아무렇지도 않은 듯이 태연히 있을 수는 없을 것입니다.

롯의 의로운 영혼은 "무법한 자의 음란한 행실을 인하여 고통당했습니다"(벧후 2:7). 즉 소돔의 죄악들이 창이 되어 그의 영혼을 아프게 찔러대던 것입니다. 하나님을 사랑하는 사람이 하나님이 수치를 당하는 것을 보고 어떻게 아무런 느낌도 받지 않을 수 있겠습니까? 자신의 행복만을 추구하는 사람이라면 하나님이 수치를 당해도 모른 척 할 수 있겠지요.

술에 취한 사람은 옆에서 다른 사람이 죽어가는 것도 모릅니다. 이처럼 세속적인 행복에 취해있는 사람들은 하나님의 명예가 손상을 당하고, 하나님의 진리가 피를 흘리고 쓰러져도 눈 하나 깜짝하지 않습니다. 하나님을 사랑하는 사람이라면, 하나님의 영광이 땅에 떨어지고 신앙인이 수난당하는 것을 보면 괴로워할 수밖에 없을 것입니다.

6. 죄를 미워함

불이 금속의 찌꺼기를 걸러내듯이 사랑의 불은 우리에게서 죄를 씻어냅니다. "에브라임의 말이 내가 다시 우상과 무슨 상관이 있으리오 할지라"(호 14:8). 하나님을 사랑하는 사람은 죄와 싸우는 일 외에는 죄와 상관을 하지 않습니다. 죄는 하나님의 명예뿐만 아니라 하나님의 존재까지도 강탈합니다. 왕을 사랑하는 사람이 왕권찬탈자를 어찌 숨겨줄 수 있겠습니까? 이처럼 하나님에 대한 사랑과 죄에 대한 사랑은 함께 거할 수 없습니다. 서로 반대되는 것들을 동시에 사랑할 수는 없는 법입니다. 건강을 위해 애쓰면서 독약을 좋아할 수 없듯이, 마음속에 비밀스런 죄를 간직하고서 하나님을 사랑할 수는 없는 법입니다.

7. 세상에 대하여 십자가에 못박힘

하나님을 사랑하는 사람은 세상에 대하여 죽어야 합니다. "내가 세상에 대하여 십자가에 못박히느니라"(갈 6:14). 이 말씀은 내가 세상의 명예와 열락에 대하여 죽는다는 뜻입니다. 하나님을 사랑하는 사람은 다른 것을 사랑할 수 없습니다. 하나님을 사랑하는 것과 이 세상을 사랑하는 것은 양립할 수 없기 때문입니다. "누구든지 세상을 사랑하면 아버지의 사랑이 그 속에 있지 아니하니"(요일 2:15).

모세의 지팡이가 애굽의 마술사들의 지팡이를 삼켜버렸듯이, 하나님에 대한 사랑도 다른 모든 사랑을 삼켜버립니다. 만일 태양에서 지구를 내려다본다면, 지구는 하나의 작은 점처럼 보일 것입니다. 이와 같이 우리도 하나님을 사랑함으로써 세상 위의 것을 사모하게 되면, 이 세상의 것들은 얼마나 보잘 것 없고 하찮게 여겨지겠습니까! 우리는 그것들이 무가치하다고 여길 것입니다.

초대 그리스도인들은 하나님을 사랑했기 때문에 재물을 중요하게 여기지 않고 "돈을 가져다가 사도들의 발 앞에 두었습니다"(행 4:35). 이런 기준으로 하나님에 대한 사랑을 시험해 봅시다. 만족할 줄 모르고 늘 불만에 가득 차 있는 사람을 보면 무슨 생각이 듭니까? 그들은 재물에 대한 욕심이 지나칠 정도로 강합니다. 그들은 "가난한 자의 머리에 있는 티끌도 탐냅니다"(암 2:7).

2세기 초엽에 안디옥의 감독이었던 이그나시우스(Ignatius, 로마로 파송되어 순교 당함)는 값진 진주이신 그리스도보다 이 세상을 더 사랑하는 사람은 하나님을 사랑한다고 말할 자격이 없다고 말했습니다. 그런데 우리 주변에는 하나님보다 재물을 더 사랑하는 사람이 얼마나 많습니까? 이런 사람들은 생명수를 원치 않습니다. 그들은 재물을 얻기 위해서라면 그리스도와 선한 양심도 팔아버릴 것입니다.

이처럼 하나님을 멸시하면서 영광스런 하나님보다 번지르르한 먼지를 더 좋아하는 사람들에게 하나님이 과연 천국을 허락하시겠습니까? 이 세상에 우리의 마음을 둘 곳이 어디 있겠습니까! 돋보기를 쓰고 이 세상을 바라보도록 만드는 것은 악마밖에 없습니다. 이 세상은 실로 본질적인 가치를 지니지 못합니다. 그렇기 때문에 이 세상은 진실을 왜곡하는 그림물감과 사기로만 가득 차 있다고 말할 수 있습니다.

8. 하나님을 두려워함

경건한 사람은 하나님을 사랑함과 동시에 두려워합니다. 하나님을 사랑하다 보면, 다음과 같은 두 가지 두려움이 생겨납니다.

(1) 하나님을 화나게 할지도 모른다는 두려움 남편을 사랑하는 아내라면 남편을 화나게 하기 보다는 자기 감정을 억제하려고 할 것입니다. 하나님을 사랑하다 보면 성령을 슬프게 하면 어쩌나 하는 두려움에 빠지게 됩니다. "그런즉 내가 어찌 이 큰 악을 행하여 하나님께 득죄하리이까"(창 39:9). 여제 유독시아가 크리소스톰(4세기 초의 콘스탄틴 감독. 그의 많은 설교들과 편지들이 남아 있음)을 추방시키겠다고 위

협하자, 그는 그녀에게, 나는 죄짓는 것 외에는 아무것도 두려워하지 않는다고 말했다고 합니다. 이와 같이 그리스도인들이 하나님에 대한 뜨거운 열정과 냉혹한 두려움을 동시에 지니면서 하나님의 뜻을 거스르려고 하지 않는 것은 하나님의 크신 사랑이 있기 때문입니다.

(2) 질투와 뒤섞인 두려움 "엘리의 마음이 여호와의 궤로 인하여 떨리니라"(삼상 4:13). 이 말은 그의 마음이 두 아들 홉니와 비느하스가 죽었기 때문에 두려웠던 것이 아니라, 여호와의 궤 때문에 두려웠다는 말입니다. 왜냐하면 언약궤를 붙잡는 사람은 누구를 막론하고 죽기 때문입니다. 하나님을 사랑하는 사람은 교회에 나쁜 일이 생기지나 않을까 심히 우려합니다. 또한 그는 무신론자가 점점 더 많아지지 않을까, 그리고 하나님께서 자기를 떠나시지 않을까 두려워합니다. 하나님과 함께 하는 백성은 힘이 있기 때문에 언제나 안전합니다. 그러나 하나님에 대한 사랑으로 불타는 사람은 하나님의 임재를 나타내주는 표징들이 사라지지 않을까 두려워합니다.

이제 이 시금석으로 하나님에 대한 우리의 사랑을 시험해 보기로 합시다. 자신의 행복이 사라지고, 하는 일이 실패할까봐 전전긍긍하면서도 하나님과 하나님의 복음이 사라지는 것에 대해서는 조금도 두려움을 느끼지 않는 사람들이 많습니다. 이들을 가리켜 하나님을 사랑하는 사람들이라고 말할 수 있을까요? 하나님을 사랑하는 사람은 이 세상의 행복을 잃는 것보다 영적인 축복을 잃는 것에 대해 더 큰 두려움을 느낍니다.

의의 태양이 우리의 시야에서 사라지고 나면 그 후에 남는 것은 어둠밖에 더 있겠습니까? 또 복음이 사라진 후에 오르간 소리나 성가대의 찬양이 무슨 위로가 되겠습니까? 그것이 공허한 나팔 소리나 장례식 때의 곡소리와 무엇이 다르겠습니까?

9. 하나님이 사랑하시는 것을 사랑함

(1) 하나님의 말씀을 사랑해야 합니다. 다윗은 하나님의 말씀이 꿀보다 더 달고(시 119:103). 금보다 더 귀하다(시 119:72)고 생각했습니다. 하나님의 말씀이 담긴 성경 구절들이 금광맥보다 더 부요합니다. 말씀을 사랑하는 사람에게는 그 말씀이 천국으로 인도하는 북극성이며 진주가 묻혀있는 밭입니다. 하나님의 말씀을 사랑하지 않고, 오히려 너무 엄격하다고 생각하고 성경의 일부를 찢어내고 싶어 하는 사람(간통죄를 저지른 사람이 제7계명을 찢어내고 싶어 하듯이)은 하나님을 조금도 사랑하지 않는 것입니다.

(2) 주의 날을 사랑해야 합니다. 우리는 안식일을 지키기만 할 것이 아니라, 사랑해야 합니다. "안식일을 일컬어 즐거운 날이라 하라"(사 58:13). 우리는 안식일을 거룩하게 지켜야 합니다. 그뿐만 아니라 이 날은 하나님께 영광스럽게 바쳐져야 합니다. 하나님의 전은 위대한 왕의 궁전이요, 하나님은 안식일에 그 곳에서 격자 창문 사이로 자기의 모습을 드러내십니다. 그러므로 하나님을 사랑하는 사람은 다른 어느 날 보다도 주의 날을 소중히 여겨야 합니다. 주의 날을 거룩하게 지키지 못하면, 일주일 내내 우울할 것입니다. 그리고 주의 날에는 만나도 두 배나 떨어집니다. 하늘 문이 열리고 하나님께서 황금 소나기가 되어 내려오십니다. 은혜로운 이 날에 의의 태양이 영혼 위로 떠오릅니다. 하나님의 은혜를 받은 사람이라면 하나님과 함께 즐겁게 지내도록 제정된 이 날을 얼마나 소중히 여기겠습니까!

(3) 하나님의 법을 사랑해야 합니다. 하나님의 은혜를 받은 영

혼은 하나님의 법을 즐거워합니다. 왜냐하면 율법을 지킴으로써 죄를 피할 수 있음을 알기 때문입니다. 율법으로 무장하여 탐욕을 물리치지 않으면 우리는 죄 가운데로 휘말려들게 됩니다.

하나님을 진정으로 사랑하는 사람이라면 그분의 법, 즉 회개의 법과 자기 부정의 법도 사랑할 것입니다. 그렇지만 하나님을 사랑한다고 말하면서 하나님의 법을 싫어하는 사람이 많습니다. "우리가 그 맨 것을 끊고 그 결박을 벗어버리자 하도다"(시 2:3). 하나님의 가르침은 밧줄과 같아서, 선한 행동을 하도록 사람들을 동여맵니다. 그러나 악한 자들은 이 밧줄이 너무 팽팽하다고 여기고 그것을 끊어버리고 싶어 합니다. 그들은 구세주이신 그리스도는 사랑하면서 왕이신 그리스도는 미워하는 자들입니다.

그리스도는 "내 멍에를 매라."고 우리에게 말씀하십니다(마 11:29). 죄인들은 그리스도를 면류관으로 삼아 머리에 쓰고 다니는 것은 즐기면서도 멍에로 삼아 목에 매는 것을 싫어합니다. 그러나 그리스도는 세상의 법이 없어도 얼마든지 이 세상을 다스릴 수 있는 비범한 왕이십니다.

(4) 우리는 성도들의 마음 속에서 빛나는 하나님의 형상을 사랑해야 합니다. "내신 이를 사랑하는 자마다 그에게서 난 자를 사랑하느니라"(요일 5:1). 성도를 사랑하기는 어렵지 않습니다. 그러나 단지 '성도라는' 이유만으로 성도를 사랑하기란 결코 쉬운 일이 아닙니다. 우리는 그가 가지고 있는 것들 때문에, 즉 그가 솔직하다거나 그의 성품이 온유하고 관대하기 때문에 사랑하곤 합니다. 또한 개나 고양이 같은 짐승이 사람을 따르는 것도 따지고 보면 그가 인간이기 때문이 아니라, 먹을 것을 공급해주기 때문입니다. 그러나 성도이기 때문에 성도를 사랑하는 것이야말로 하나님을 사랑한다는 표시입니다. 성도이기 때문에,

또한 하나님을 모시고 있는 사람이기 때문에, 어떤 사람을 사랑한다면 우리는 그가 다음과 같은 상황에 처해 있다 할지라도 그를 사랑해야 합니다.

① 가난하다 할지라도 그를 사랑해야 합니다. 금을 사랑하는 사람은 누더기에 싸여 있는 금조각도 사랑합니다. 이와 같이 성도들이 누더기를 입고 있다 할지라도 우리는 그를 사랑해야 합니다. 그에게서 그리스도의 향기가 풍겨나기 때문입니다.

② 인격적으로 많은 결함을 지니고 있는 사람이라 하더라도 그가 성도라면, 우리는 그를 사랑해야 합니다. 완전한 사람은 없습니다. 성급하게 화를 내는 사람도 있고, 변덕스러운 사람도 있으며, 세상을 지나치게 사랑하는 사람도 있을 것입니다. 이 세상에 사는 성도는 광석에 묻혀있는 금과 같아서 많은 결함들을 지니고 있습니다. 그래도 우리는 그 안에서 하나님이 은혜를 발견할 수 있기 때문에 그를 사랑합니다. 성도는 흉터가 있는 예쁜 얼굴과 같습니다. 우리는 흉터가 있다 하더라도 거룩함으로 빛나는 아름다운 얼굴을 사랑합니다. 아주 좋은 에메랄드에도 흠이 있을 수 있고, 찬란하게 빛나는 별들도 깜박일 때가 있듯이, 믿음이 좋은 성도들도 결함을 지닐 수 있습니다. 결함이 있다는 이유로 성도를 사랑하지 않는 사람이 어찌 하나님의 사랑을 받을 수 있겠습니까?

③ 우리보다 믿음이 부족한 성도라 하더라도 사랑해야 합니다. 우리보다 믿음이 좋지 못하고 여러 가지 결점을 지닌 성도도 있을 것입니다. 그런 성도들을 가리켜 성도가 아니라고 할 수 있겠습니까? 그들이 우리처럼 그리스도를 믿는 사람이라면, 우리는 마땅히 그들을 사랑해야 합니다.

④ 박해받는 성도들도 사랑해야 합니다. 우리는 난로 속에 들어있는 귀금속도 사랑합니다. 사도 바울은 몸에 주 예수의 흔적을 지녔습니다

(갈 6:17). 이 흔적은 군인들의 상처처럼 명예로운 것이었습니다. 우리는 화려한 주홍빛 옷을 입고 있는 성도를 사랑하듯이, 사슬에 매여 있는 성도도 사랑해야 합니다. 그리스도를 사랑한다면 박해당하는 그분의 지체들도 사랑해야 합니다. 성도들 안에서 번쩍이는 하나님이 형상을 사랑하는 것이 바로 하나님을 사랑하는 것이라면, 하나님을 사랑하는 사람은 극소수일 것입니다. 하나님의 형상을 닮은 사람들을 미워하는 자들이 어찌 하나님을 사랑할 수 있겠습니까? 또 성도들에 대한 복수심으로 가득 차 있는 사람들이 어찌 그리스도의 인격을 사랑할 수 있겠습니까? 남편을 사랑한다는 여자가 어떻게 남편의 사진을 찢을 수 있겠습니까?

유다와 줄리앙(처음에는 그리스도를 믿었으나 후에 배교하고 이방 종교들을 부활시키려고 애쓴 4세기의 로마 황제)같은 죄인은 지금도 남아 있으며 그들의 정신은 아직도 세상에서 살아 움직이고 있습니다. 그 누가 죄를 짓고서 무죄하다고 할 수 있겠습니까! 악마가 배심원이 되는 것보다 더 큰 죄가 어디에 있겠습니까! 악한 자들은 죽은 성도들에게 큰 경의를 표하는 것 같습니다. 다시 말해서 그들은 죽은 성도들을 찬양하면서 살아있는 성도들은 박해합니다.

사도신경에 들어있는 성도들의 교제에 관한 조항을 싫어하는 사람은 사도신경을 아무리 열심히 암송하고, 세상 사람들에게 하나님을 사랑한다고 말한다해도 아무런 의미가 없습니다.

10. 하나님에 대해 선한 생각을 품는 것

친구를 사랑한다면, 그 친구가 무슨 일을 하든지 다 이해하고 싶은 법입니다. "사랑은 악한 것을 생각지 아니하며"(고전 13:5). 마음에 들지 않는 사람이 하는 일은 모두 나쁘게 보이고 사랑하는 사람이 하는 일은 모두 좋게만 보이는 법입니다. 따라서 하나님을 사랑하는 사람은 하나님의 섭리를 좋게만 해석합니다. 사랑은 악한 일을 생각할 줄 모르기 때문입니다. 하나님을 사랑하는 사람은 하나님을 좋은 분으로만 생각합니다. 그렇기 때문에 하나님이 아무리 큰 고통을 주어도, 하나님을 사랑하는 사람은 그 고통을 잘 참아냅니다.

하나님의 은혜를 받은 사람은 다음과 같이 말할 것입니다. "내 하나님은 내 마음이 얼마나 강퍅한지를 아시기 때문에 내 마음을 거듭나게 하려고 이런 저런 고통을 내게 주시는 것이다. 하나님은 내 몸에 썩은 피가 가득하고 내가 중병에 걸렸다는 사실을 아시기 때문에 내 생명을 구하기 위해 썩은 피를 뽑으신다. 하나님은 이와 같이 가혹한 처방을 내리시어 썩은 곳은 가차 없이 잘라내시고 온전한 곳에 은혜를 내리신다. 나를 죄 가운데 머물도록 버려두지 않으시고 내 영혼을 구원하시기 위해 내 몸을 괴롭히는 하나님은 어찌 그리 선하신가!" 이와 같이 하나님을 사랑하는 사람은 모든 것을 좋게 여깁니다.

사랑만 있으면 하나님의 모든 행동이 좋게 보입니다. 그러므로 하나님이 가혹하신 분이라고 불평하던 사람도 사랑을 하게 되면 겸손해져서 "내가 하나님을 더 사랑하게 되면, 나는 하나님에 대해 더 좋게 생각할 것이다."라고 고백할 것입니다. 그러나 사단은 우리에게 우리 자신에 대해서는 좋게 생각하면서 하나님에 대해서는 나쁜 생각을 갖도록 유혹합니다. 그렇지만 하나님을 진정으로 사랑하는 사람이라면 하나님이 모든 행동을 좋게만 생각하고 나쁘다는 생각은 추호도 하지 않을 것입니다.

11.   순종하는 것

"나의 계명을 가지고 지키는 자라야 나를 사랑하는 자니라"(요 14:21). 우리가 그리스도의 계명을 가볍게 여기면서 그리스도의 인격을 사랑한다고 말하는 것은 거짓입니다. 아버지를 사랑하면서 아버지의 말을 듣지 않는 자녀가 어디 있습니까? 우리가 하나님을 사랑한다면, 하나님께서 육신을 괴롭히는 일들 즉, 어려운 일들과 위험한 일들을 우리에게 주신다 하더라도, 그분에게 순종할 것입니다.

(1) 어려운 일들   첫째, **죄를 물리치는 일들**. 옷처럼 우리 가까이 있을 뿐만 아니라 우리의 마음을 끌어당기는 죄들이 있습니다. 그러나 하나님을 사랑한다면 이런 죄들을 추구해서도 안 되고, 실행에 옮겨서도 안 될 것입니다.

둘째, **원수를 용서하는 일들**. 하나님은 죽음의 고통을 무릅쓰고라도 이웃의 죄를 용서해 주라고 명하십니다. "서로 용서하라"(엡 4:32). 다른 사람의 죄를 용서하는 것은 시류를 역행하는 것만큼이나 어려운 일입니다. 우리 인간은 남이 내게 베푼 친절이나 호의는 곧잘 잊어버리면서도, 그가 내게 서운하게 했던 일 혹은 화나게 했던 일은 잘도 기억합니다.

그러나 하나님을 사랑하는 사람은 화가 났던 일들을 금방 잊어버릴 줄 알아야 합니다. 하나님께서 우리의 죄를 얼마나 많이 용서해 주셨는지, 그리고 하나님께서 우리에게 얼마나 자주 모욕을 당하시고, 우리에 대한 화를 얼마나 자주 참으셨는지를 기억하는 사람은 하나님을 본받아 자기를 화나게 한 장본인에게 앙갚음하려고 하기 보다는 그의 잘못을 용서하려고 할 것입니다.

(2) 위험한 일들 하나님을 사랑하는 사람이라면 "나를 위해 고난을 받으라"는 하나님의 명령에 순종할 것입니다. 그리스도는 우리를 사랑하셨기 때문에 우리를 위해 기꺼이 고난을 당하셨습니다. 다시 말해서 우리에 대한 사랑이 그분을 십자가에 못박는 사슬이 된 것입니다 이와 같이 우리도 하나님을 사랑한다면, 그분을 위해 기꺼이 고난받을 각오가 되어있어야 합니다. 사랑은 이상한 속성을 지닙니다. 즉 사랑은 허용하지 않도록 만드는 은혜임과 동시에 참아내도록 하는 은혜이기도 합니다. 다시 말해서 사랑은 죄를 짓고도 회개하지 않는 영혼을 내버려두지 않을 것이며, 하나님에 대한 모욕을 허용하지 않을 것입니다. 이처럼 사랑은 허용하지 못하도록 만드는 은혜입니다. 그러나 사랑은 참아내도록 하는 은혜이기도 합니다.

하나님을 사랑하는 사람은 하나님을 위해서 비난과 구속과 감금을 견디어야 합니다. "나는 주 예수의 이름을 위하여 결박받을 뿐 아니라 예루살렘에서 죽을 것도 각오하였노라"(행 21:13). 그리스도인이라고 해서 모두가 순교자가 되어야 하는 것은 아니지만 누구든지 순교 정신을 지녀야 합니다.

그리스도인은 사도 바울처럼 "결박받을 것을 각오하였노라."고 말할 수 있어야 합니다. 그리스도인은 하나님께서 요구하시면 언제든지 고난받을 만반의 준비를 갖추고 있어야 합니다. 사랑만 있으면 우리 자신의 능력을 초월하는 일도 해낼 수 있습니다.

2세기와 3세기 초엽에 '초대 아프리카 교회의 소중한 모범'을 우리에게 보여준 신학자 터툴리안(Tertullian)은 이방인들이 조국을 위해 고난당하는 것을 무수히 보아왔습니다. 인간의 본성만으로도 이처럼 숭고한 일을 할 수 있는데, 하물며 하나님의 은혜야 두말할 필요가 있겠습니까! 조국에 대한 사랑 때문에 고난을 감수하는데, 그리스도에 대한 사랑 때문이라면 어떤 고난이든지 감수할 수 있는 일 아니겠습니까! "사랑은 모든 것을 견디느니라"(고전 13:7).

가이사랴의 주교가 된 4세기의 신학자이며 스승인 갑바도기아의 바질(Basil. 그는 대바질로 알려짐)은 화형에 처해진 한 처녀에 대해 이렇게 말했습니다. "그녀는 우상에게 굴복하느니 목숨과 재산을 바치는 편이 낫다고 생각하고, '내 목숨과 재물을 가져가시오. 내게는 그리스도만 있으면 됩니다'라고 대답했다."

이그나시우스(Ignatius)도 고상하고 열렬한 어조로 이와 같은 말을 했습니다. "내가 하나님의 순수한 밀이 될 수만 있다면 야수의 이빨에 물어 뜯겨도 여한이 없겠나이다." 이와 같이 초대교회 성도들은 목숨에 대한 사랑이나 죽음에 대한 두려움보다도 하나님에 대한 사랑을 더 소중하게 여겼습니다. 스데반은 돌에 맞아 죽었고, 누가는 올리브나무에 매달려 죽었으며. 베드로는 예루살렘에서 십자가에 거꾸로 매달려 죽었습니다. 이 성인들은 하나님의 이름을 거룩하게 하기 위해서 비겁하게 굴지 않고 고통을 감수했습니다.

바울은 그리스도를 위해 짊어진 사슬을 얼마나 소중하게 여겼습니까! 바울은 여인이 보석을 자랑스럽게 여기듯이, 자기의 사슬을 영광으로 여겼다고 크리소스톰(chrysostom)은 말합니다. 성 이그나시우스도 자기의 족쇄를 다이아몬드 수갑처럼 자랑스럽게 달고 다니며 "구차히 면하지 않았습니다"(히 11:35). 초대교회 성도들은 감옥에서 치욕스럽게 나오기를 거부하면서, 석방을 원하는 대신 하나님께 대하여 결백하기를 바랐습니다.

이런 기준으로 하나님에 대한 우리의 사랑을 시험해 봅시다. 우리는 순교 정신을 지니고 있습니까? 하나님을 사랑한다고 말하면서 그것을 실천하지 못하는 사람이 많습니다. 그런 사람은 그리스도를 위해 자기의 행복을 조금도 포기하려 하지 않으며 십자가를 지려고도 하지 않습니다. 예수 그리스도께서 우리에게 "나는 너를 정말 사랑하고 아낀다. 하지만 너를 위해 고통을 당하거나 목숨을 버리는 일은 하지 않겠다."고 말씀하셨다고 칩시다. 그 말을 들었다면 우리는 그분의 사랑을 의심했을 것입니다. 그러니 우리도 하나님을 사랑하는 척하면서 그분을 위해 고난을 받으려고 하지 않는다면 그리스도께서 우리의 사랑을 의심하지 않으시겠습니까?

12. 다른 사람들도 하나님을 영광스럽게 하도록 애쓰는 것

사랑하는 사람에 대해서 우리는 입에 침이 마르도록 칭찬할 것입니다. 이처럼 하나님을 사랑하는 사람은 하나님이 우월하심을 널리 전파하여 그분의 명성을 드높이고, 하나님을 사랑하도록 다른 사람을 격려할 것입니다. 하나님을 사랑하는 사람은 침묵할 수가 없습니다. 그런 사람은 나팔이 되어 하나님의 값없이 크신 은혜와 초월적인 사랑, 그리고 영광스런 하나님 나라를 사방에 외칠 것입니다. 또한 사랑은 불과 같아서 마음 속에서 사랑이 피어오르면 그 사랑은 입술로 터져 나오고야 말 것입니다. 사랑하는 사람은 멋지게 하나님을 찬양할 것입니다. 이처럼 사랑은 밖으로 표출되어야 합니다.

13. 그리스도의 나타나심을 사모하는 것

"이제 후로는 나를 위하여 의의 면류관이 예비되었으므로 주 곧 의로우신 재판장이 그 날에 내게 주실 것이니 네게만 아니라 주의 나타나심을 사모하는 모든 자에게니라"(딤후 4:8). 사랑하는 사람은 상대방과 연합하기를 바랍니다.

아리스토텔레스(윤리학과 정치학, 논리학과 과학에 관한 글을 쓴 주전 4세기의 그리스 철학자)는 이성과 연합하면 즐거움이 넘쳐흐른다고 말했습니다. 그리스도와 우리의 연합이 영광 가운데 완전해진다면, 우리의 기쁨도 충만해질 것입니다. 그리스도를 사랑하는 사람은 그리스도의 나타나심을 사모할 것입니다. 그리스도의 나타나심은 성도들에게 행복이 될 것입니다.

하나님께서 우리의 중보자로 나타나실 때, 그분의 나타나심은 우리에게 위로가 될 것입니다(히 9:24). 그러나 하나님이 우리의 남편으로 나타나실 때에는 그분의 나타나심이 훨씬 더 큰 위로가 될 것입니다. 이 세상에 나타나시는 날, 하나님은 우리에게 두 개의 보석을 주실 것입니다. 그 중 하나는 사랑입니다. 그 사랑은 형언할 수 없을 만큼 크고 놀랍습니다. 또 다른 하나는 그분의 형상을 닮는 것입니다 "그가 나타내심이 되면 그와 같으리라"(요일 3:2). 이때에 하나님의 사랑을 받고 하나님과 같아진 영혼은 무한한 즐거움을 누리게 될 것입니다. 그렇다면 그리스도를 사랑하는 사람이 그분의 나타나심을 열망하는 것은 이상한 일이 아닙니다. "성령과 신부가 말씀하시기를 오라 하시는도다, 아멘 주 예수여 오시옵소서"(계 22:17,20).

이런 기준으로 그리스도에 대한 우리의 사랑을 시험해 봅시다. 죄를 범한 악한 자는 그리스도의 나타나심을 두려워하고 그분이 나타나지 않기를 바랍니다. 그러나 그리스도를 사랑하는 사람은 그리스도께서 구름을 타고 오실 날을 손꼽아 기다립니다. 그리스도께서 오시고 나면 그들은 온갖 죄악과 두려움에서 구원을 받고 사람들과 천사들 앞에서 무죄 방면되어 하나님의 영원한 낙원으로 옮겨질 것이기 때문입니다.

14. 하찮은 일도 마다하지 않는 것

사랑은 자기를 낮추는 은혜입니다. 하나님을 사랑하는 사람은 거만하게 고개를 꼿꼿이 세우고 다니는 대신 고개를 숙이며 겸허해져야 합니다. 그런 사람은 그리스도를 위해서라면 무슨 일이든지 해야 합니다.

세인의 존경을 한 몸에 받던 아리마대 요셉과 니고데모의 경우를 봅시다. 아리마대 요셉은 자기 손으로 그리스도의 시신을 내려놓았고, 니고데모는 그리스도의 시신에 향수를 발랐습니다. 그들의 신분으로 보면 그들 자신이 그런 대접을 받아야할 것임에도 불구하고, 그들은 그리스도를 사랑하기 때문에 그리스도를 위해 그렇게 했던 것입니다. 하나님을 사랑하는 사람은 이와 같이 그리스도의 지체들에게 유익한 일이라면 그것이 아무리 하찮은 일이라 하더라도 마다하지 않아야 합니다. 그리스도를 사랑하는 사람이라면 자기 신분에 맞는 점잖은 일만을 하려고 해서는 안 됩니다. 병자를 방문하고 가난한 자를 위로하며 성도들의 상처를 씻겨줄 줄도 알아야 합니다.

어머니는 사랑하는 자녀를 위해 무슨 일이든지 다 합니다. 다른 사람들이 손가락질하는 일도 마다하지 않습니다. 이와 같이 하나님을 사랑하는 사람도 그리스도와 그분의 지체들을 위해서라면 아무리 하찮은 일이라 할지라도 결코 마다하지 않을 것입니다. 이상의 열네 가지 사실들이 하나님에 대한 사랑의 열매입니다. 이 열매들이 자기 자신의 본성에는 어울리지 않는다 하더라도 자신의 영혼 속에서 자라고 있음을 깨닫는 사람은 정말 행복한 사람입니다.

제육장

하나님을
사랑하라는 권면

1. 하나님을 사랑하는 자가 되라는 권면

그리스도인이라면 누구나 하나님을 사랑해야 합니다. "너희 모든 성도들아 여호와를 사랑하라"(시 31:23). 그러나 하나님을 사랑하는 사람은 거의 없습니다. 다시 말해 하나님께 거짓 입맞춤을 하는 사람은 많아도 진정으로 하나님을 사랑하는 사람은 극소수라는 말입니다. 하나님을 사랑하는 것은 많은 사람들이 상상하는 것처럼 그렇게 쉬운 일이 아닙니다. 사랑하는 감정은 자연스러운 것이지만, 은혜는 그렇지 않습니다. 천성적으로 하나님을 미워하는 자들도 있습니다(롬 1:30). 그런 악한 자들은 하나님의 통치를 거부하고 하나님의 손길이 미치지 않는 곳으로 달아납니다. 그들은 하나님을 두려워할 뿐 결코 사랑하지 않습니다. 사람이나 천사가 아무리 애를 써도 하나님에 대한 사랑이 우러나도록 할 수는 없습니다. 율법이나 심판도 그 점에 있어서는 역시 마찬가지입니다. 우리의 영혼 속에 사랑하는 마음을 불어넣어 줄 수 있는 것은 전능하신 성령의 능력밖에 없습니다. 하나님을 사랑하는 일이 인간의 힘만으로는 불가능하기 때문에, 우리는 보다 열심히 하나님께 기도드리고 사랑의 은혜를 받으려고 부단히 애써야 합니다. 따라서 저는 하나님을 사랑하고 싶어하는 우리의 소망을 이루기 위해, 하나님을 사랑하도록 이끄는 스무 가지 동기들을 규정하고자 합니다.

(1) 이 소망이 없으면 우리의 모든 종교적인 행위는 쓸모없는 것이 되고 맙니다. 이 소망은 하나님이 원하시는 일에 대한 의무가 아니라, 그 의무에 대한 사랑입니다. 따라서 얼마나 많은 일을 했느냐 하는 것이 중요한 것이 아니라, 하나님의 일을 얼마나 사랑하느냐 하는 것이 중요합니다. 사랑에서 우러나와 기꺼운 마음으로 자기의 일을 하지 않는 종은 그 일을 받아들인 것이 아닙니다. 사랑이 없는 의무가 우리에게 부담이 되듯이 하나님께도 그렇습니다. 그래서 다윗은 아들 솔로몬에게 기꺼운 마음으로 하나님을 섬기라고 충고한 것입니다(대상 28:9). 사랑 없이 의무를 이행하는 것은 희생제사가 아니라 징벌입니다.

(2) 사랑은 매우 고귀하고 좋은 은혜입니다. 사랑은 천국에서 타오르는 순수한 불꽃입니다. 이 사랑만 있으면 우리도 사랑이신 하나님을 닮을 수 있습니다. 우리가 하나님을 믿고 그의 뜻을 따른다고 해서

하나님과 같아지는 것은 아닙니다. 하나님과 같아지려면 사랑을 해야 합니다(요일 4:16). 사랑은 하나님 안에서 큰 기쁨을 누리도록 만드는 은혜이며 하나님께도 가장 큰 기쁨이 됩니다. 사랑으로 충만해 있던 제자는 그리스도의 품안에 있었습니다. 사랑은 모든 은혜에 푸르름과 광택을 더해 줍니다. 은혜 속에 있으면서도 사랑이 빛나지 않으면, 그 은혜는 빛을 잃은 것처럼 보일 것입니다. 사랑의 실천을 하지 못하는 믿음은 참된 믿음이 아닙니다. 사랑의 샘에서 흘러나오지 않은 회개의 물들은 깨끗하지 못합니다. 사랑은 우리의 모든 봉사를 하나님이 수락하시기에 합당할 만큼 향기롭게 만들어주는 향입니다.

(3) 하나님은 지나친 요구를 하시는 분입니까? 하나님은 우리의 사랑만을 요구하십니다. 하나님께서 우리에게 선물로 주신 재물이나 자식을 요구한다면 하나님을 부인할 수 있겠습니까? 그러나 하나님은 우리의 사랑만을 요구하십니다. 하나님은 사랑의 꽃만을 따십니다. 이것이 지나친 요구일까요? 이처럼 갚기 쉬운 빚이 또 어디 있겠습니까? 우리는 그 빚을 갚아도 결코 가난해지지 않습니다. 사랑은 짐이 아닙니다. 신부가 신랑을 사랑하는 일이 어찌 수고이겠습니까? 사랑은 즐거운 것입니다.

(4) 하나님은 사랑 받으시기에 가장 합당하고 완전한 분이십니다. 피조물들 사이에 흩어져 있는 우수한 모든 것들이 하나님 안에 결합되어 있습니다. 하나님은 지혜이시며, 아름다움이시며, 사랑이시고, 선의 본질이십니다. 하나님께는 혐오감을 불러일으킬 만한 것이 없으십니다. 그러나 인간은 다른 사람을 만족시키기 보다는 혐오감부터 줍니다. 하나님 안에서는 새로운 아름다움이 빛을 발합니다. 하나님을

즐거워할수록 우리의 마음은 기쁨으로 가득 찰 것입니다.

하나님 안에는 우리의 애정을 죽이거나 사랑의 불을 끄는 요소가 전혀 없습니다. 즉 일반적으로 사랑을 약화시키고 사랑을 냉각시키는 결함이 없다는 말입니다. 하나님께서는 우리의 사랑을 불러일으킬 뿐만 아니라, 실제로 우리의 사랑을 받을 만한 좋은 점들이 있으십니다. 하늘의 천사들이 지금보다 더 많고 모든 영광스런 스랍들이 가슴 속에서 영원히 불타오르는 무한한 사랑의 불꽃을 간직했다 할지라도, 무한히 온전하시고 모든 것을 초월할 만큼 선하신 하나님의 사랑에는 이르지 못할 것입니다. 하나님의 이 두 가지 속성만 있으면, 우리는 얼마든지 하나님을 사랑할 수 있습니다. 따라서 우리가 사랑을 표현하기에 하나님보다 더 나은 대상은 없습니다.

(5) **사랑은 신앙 행위를 촉진시켜 줍니다.** 사랑은 성도들이라는 수레바퀴에 기름을 칠해서 더 활기 있고 즐겁게 하나님을 섬기도록 인도합니다. 사랑은 의무의 따분함을 벗겨냅니다. 예를 들어 야곱은 라헬에 대한 사랑 때문에 칠년 동안의 기다림도 짧다고 생각했습니다. 이처럼 사랑만 있으면 지루한 의무도 즐거운 일이 됩니다. 왜 천사들은 신이 나서 하나님을 섬길까요? 하나님을 사랑하기 때문입니다. 사랑은 사람을 지치게 만들지 않습니다. 하나님을 사랑하는 사람은 사랑한다고 말하기를 지겨워하지 않고, 하나님을 섬기는 일에 싫증을 내지 않습니다.

(6) **하나님은 우리의 사랑을 바라십니다.** 우리는 아름다움을 상실하고 피를 더럽혔지만, 하늘의 왕이신 하나님은 우리의 탄원자이십

니다. 하나님께서 우리의 사랑을 구하시는 이유는 무엇일까요? 우리의 사랑이 하나님께 어떤 유익을 가져다줄까요? 하나님이 반드시 우리의 사랑을 받으셔야 할 필요는 없습니다. 하나님은 무한히 거룩한 분이시기 때문입니다. 우리가 하나님을 사랑하지 않는다 해도 더 고상한 피조물들이 하나님께 기쁨에 찬 사랑의 표현을 할 것입니다. 따라서 하나님은 반드시 우리의 사랑을 받으셔야 할 필요는 없지만, 그래도 우리의 사랑을 구하십니다.

(7) 하나님은 우리의 사랑을 받으실 만한 분이십니다. 그분이 우리를 얼마나 사랑하셨습니까! 따라서 우리의 애정은 하나님의 사랑의 불에 붙여져야 합니다. 우리 안에서 사랑할 만한 것이 없는데도 하나님께서 우리를 사랑하시다니, 이 얼마나 기적적인 사랑입니까! "네게 이르기를 너는 피투성이라도 살라"(겔 16:6). 우리가 죄 많고 부족한 존재임에도 불구하고 하나님은 우리를 사랑하십니다. 우리에게는 분노를 일으킨 만한 것은 많아도 사랑을 자아낼 만한 것은 없습니다. 그런데도 하나님은 우리에게 그리스도를 내어주실 만큼 큰 사랑을 베푸셨습니다! 그리스도는 죄인들을 위해 죽으신 것입니다! 하늘의 천사들도 하나님의 이처럼 크신 사랑에 놀라고 있습니다. "십자가는 설교단이며, 십자가에서 가르치신 그리스도의 가르침은 사랑이라."고 어거스틴은 말했습니다. "아, 죽이기는 구세주께서 살아있는 사람들에게 사랑을 베푸셨도다!"

그리스도께서 십자가에서 피를 흘리시면서 우리에게 다음과 같이 말씀하고 계신 것 같습니다. "네 손을 이리 내밀어, 내 옆구리에 넣어보라. 피 흘리는 내 심정을 느껴보라. 그래도 내가 너를 사랑하지 않는 것처럼 보이는가? 앞으로도 너는 내게 사랑을 주지 않으려느냐? 그래도 너는 나보다 이 세상을 더 사랑하겠느냐? 이 세상이 너를 위해 하나님의 진노를 요구했더냐? 오히려 내가 그 모든 일을 하지 않았느냐? 그런데도 넌 나를 사랑하지 않으려느냐?" 사랑받는 사람이 사랑하는 것은 지극히 당연한 일입니다. 그리스도께서 우리에게 사랑의 본을 보여 주시고 피로써 그 사랑을 우리 마음 속에 새기셨으니, 우리도 그 사랑을 본받아 하나님을 사랑하도록 노력해야 하겠습니다.

(8) 하나님을 사랑하는 것은 바로 자기를 사랑하는 것입니다. 자기를 사랑하는 사람은 자기의 영혼도 구원받기를 바랍니다. 그런데 우리의 영혼은 오직 하나님을 사랑함으로써 구원을 얻을 수 있습니다. "사랑 안에 거하는 자는 하나님 안에 거하고 하나님도 그 안에 거하시느라"(요일 4:16). 이와 같이 하늘에 계신 하나님과 함께 하는 사람의 마음 속에는 하나님이 계십니다. 그러므로 하나님을 사랑하는 사람은 진정으로 자기를 위하는 사람입니다. 바꾸어 말하면, 하나님을 사랑하지 않는 사람은 자기를 사랑하지 않는 사람입니다.

(9) 하나님에 대한 사랑은 진실한 표현입니다. 진실한 "처녀들이 너를 사랑함이 마땅하니라"(아 1:4). 하나님의 자녀들 가운데는 자기가 위선자가 아닐까 하여 걱정하는 사람이 많습니다.

여러분은 하나님을 사랑합니까? 베드로는 죄책감으로 말미암아 수심에 차서 하나님이 더 이상 자기를 받아 주지 않으실 것이며, 더 이상 자기에게 사도직을 맡기지도 않으실 것이라고 생각했습니다. 그러나 그리스도께서 그를 어떻게 위로하셨는지를 살펴봅시다. "시몬아 네가 나를 사랑하느냐?"(요 21:15).

그리스도께서는 다음과 같이 말씀하신 것 같습니다. "너는 두려움 때문에 나를 부인했지만, 지금이라도 네가 진심으로 나를 사랑한다고 말할 수 있다면 너는 진실하고 정직한 사람이다." 하나님을 사랑하는 것이 하나님을 두려워하는 것보다 더 나은 진실한 표현입니다. 이스라엘 사람들은 하나님의 공의를 두려워했습니다. "하나님이 저희를 죽이실 때에 저희가 그에게 구하며 돌이켜 하나님을 간절히 찾았도다"(시 78:34). 그러면 그들이 어떤 마음 자세로 이런 일을 했을까요? "그러나 저희가 입으로 그에게 아첨하며 자기 혀로 그에게 거짓을 말하였도다"(시 78:36). 하나님을 사랑해서가 아니라, 하나님의 심판이 두려워서 마지못해 하는 회개는 아첨에 지나지 않습니다. 하나님을 사랑한다는 것은 하나님께 우리의 마음을 온전히 맡긴다는 뜻이며, 그렇게 되면 하나님께서 우리의 모든 것을 주관하실 것입니다.

(10) 하나님에 대한 우리의 사랑은 우리에게 베푸신 하나님의 사랑에 대한 보답입니다. "우리가 사랑함은 그가 먼저 우리를 사랑하셨음이라"(요일 4:19). "아, 하나님이 나를 사랑하시는 줄 알았더라면 기뻤을 텐데."라고 말하는 사람이 있습니다. 여러분은 하나님을 사랑하십니까? 그렇다면 하나님께서 여러분을 사랑하신다는 것을 믿으십시오. 그것은 유리가 열을 내는 것과 같은 이치입니다. 유리가 달아오르는 것은 햇볕이 먼저 유리에 내리 쬐었기 때문입니다. 그렇지 않았다면 유리는 달아오르지 않았을 것입니다.

이와 같이 우리의 마음이 하나님에 대한 사랑으로 달아오르는 것은 먼저 하나님의 사랑이 우리에게 비쳤기 때문입니다. 그렇지 않았더라면 우리의 마음은 사랑으로 달아오르지 않았을 것입니다. 이와 같이 우리의 사랑은 하나님의 사랑에 대한 반영에 불과합니다.

(11) 하나님을 사랑하지 않는 이유는 다른 것, 즉 세상이나 죄를 사랑하기 때문일 것입니다. 그러면 이것들은 여러분이 사랑을 베풀만한 가치가 있는 것들일까요? 이것들을 사랑하느니 하나님을 사랑하는 것이 더 낫지 않을까요? 다음의 특별한 경우들에서 나타나듯이, 이 세상보다 하나님을 사랑하는 것이 더 낫습니다.

첫째, 세상적인 것들을 아무리 사랑해도 그것으로부터 만족을 얻을 수는 없습니다. 여러분의 몸이 공기로 만족을 누릴 수 없다면, 여러분의 영혼은 흙으로 만족을 누릴 수 없을 것입니다. "풍족할 때에도 곤액이 이르리라"(욥 20:22). 즉 풍족한 곳에도 부족함이 있다는 말입니다. 이 세상 전체를 차지한다 해도 여러분의 영혼은 만족을 얻지 못할 것입니다. 그렇대도 여러분은 참된 위로를 주지 못하는 이런 것들을 사랑하시렵니까? 그보다는 하나님을 사랑하는 것이 더 낫지 않겠습니까? 하나님을 사랑하면 진정한 만족을 얻을 수 있을 테니까 말입니다. "깰 때에 주의 형상으로 만족하리이다"(시 17:15). 만일 우리가 깊은 잠에서 깨어나 하나님의 영광의 빛이 우리에게 드리운 것을 본다면, 우리는 하나님의 형상으로 만족할 것입니다.

둘째, 세속적인 것들을 사랑하는 사람에게는 마음의 고통이 떠날 날이 없습니다. 양심을 찌르는 가시가 있어도 이 세상의 힘으로는 그 가시를 뽑아내지 못합니다. 사울 왕이 괴로웠을 때, 그의 왕관에 붙어있는 보석들은 그를 위로해주지 못했습니다(삼상 28:15). 그러나 하나님을 사랑하는 사람은 다른 어떤 것으로도 얻을 수 없는, 마음의 평안을 얻을 수 있습니다. 하나님은 "사망의 그늘로 아침이 되게" 하실 수 있습니다 (암 5:8). 하나님은 우리의 영혼을 새롭게 하기 위해 그리스도의 피를 사용하시기도 하매 성령으로 사랑을 속삭이시기도 합니다. 그리고 하나님은 단 한 번의 미소로 우리의 모든 두려움과 걱정을 흩어버리실 수도 있습니다.

셋째, 세상을 사랑하는 사람은 천국으로 가는 길을 막고 서 있는 것을 사랑하는 것입니다. 이 세상에서 얻을 수 있는 위로는 전차와 비교해 볼 수 있습니다. 군인들은 전차를 타고 있는 동안에는 전투에만 몰두합니다. "재물이 있는 자는 하나님의 나라에 들어가기가 심히 어렵도다!" (막 10:23). 대부분의 사람들에게 있어서 재물은 바람이 조금만 불어도 금방 뒤집히고 마는 돛단배와 같습니다. 이와 같이 세상을 사랑하는 사람은 자기를 위험에 빠뜨릴지도 모르는 것을 사랑하는 것입니다. 그러나 하나님을 사랑하는 사람은 천국을 잃어버릴 위험이 없습니다. 하나님은 여러분을 해치는 분이 아니라, 보호해 주는 반석이 되실 것입니다. 그러므로 하나님을 사랑하는 사람은 하나님을 즐거워하게 됩니다.

넷째, 우리가 아무리 세상적인 것들을 사랑하여도, 그것들은 우리에게 사랑을 베풀지 않습니다. 예를 들어 우리가 금과 은을 사랑한다 해도 그것들은 우리에게 사랑을 베풀지 못합니다. 그리고 우리가 그림을 사랑한다 해도 그림으로부터 사랑을 얻지는 못합니다. 이와 같이 우리가 피조물들에게 아무리 애정을 쏟아도 사랑에 보답을 받을 수는 없습니다. "사람이 나를 사랑하면 내 말을 지키리니 내 아버지께서 저를 사랑하실 것이요, 우리가 저에게 와서 거처를 저와 함께 하리라"(요 14:23). 하나님은 우리의 사랑을 모른 척 하지 않으실 것입니다. 우리가 하나님께 사랑의 물을 한 방울 드리면 하나님은 우리에게 쉴 새 없이 솟아나는 사랑의 샘물을 주실 것입니다.

다섯째, **세상을 사랑하는 사람은 자기보다 못한 것을 사랑하는 셈입니다.** "인간의 영혼 속에서 하늘나라의 광채가 번쩍인다. 영혼은 하나님의 생각과 형상을 지니고 있기 때문이다."라고 데머신(Damascen, 이교도들 및 이교 사상에 대항하여 싸운 주후 4세기의 저술가)은 말했습니다. 세상을 사랑하는 사람은 자기의 영혼보다도 훨씬 무가치한 것을 사랑하는 셈입니다. 밑 빠진 독에 물을 붓듯이 이 세상에 사랑을 투자하는 사람은 돼지 목에다 진주를 거는 격입니다. 자기 자신보다 못한 것을 사랑하기 때문입니다. 그리스도께서 다른 측면에서 공중의 새에 대해 언급하다가 "너희는 이것들보다 귀하지 아니하냐"(마 6:26)고 말씀하셨듯이, 저는 세상적인 것들에 대해 다음과 같이 말하고 싶습니다. "너희는 아름다운 집과 예쁜 그림을 사랑하는데, 너희가 그것들보다 더 귀하지 아니하냐?"고 말입니다. 그러나 하나님을 사랑하는 사람은 가장 고귀하고 숭고한 대상을 사랑하는 것입니다. 여러분은 여러분 자신보다 더 나은 것을 사랑해야 합니다. 하나님은 인간보다 더 낫고, 천사보다 더 낫고, 하늘보다 더 나은 분입니다.

여섯째, **세상을 사랑하는 사람은 오히려 세상으로부터 미움을 당합니다.** "너희는 세상에 속한 자가 아닌 고로 세상이 너희를 미워하느니라"(요 15:19). 밭을 한 평 샀는데 그 땅이 곡식은 자라지 않고 잡초만 무성하게 자라는 박토라면 얼마나 화가 나겠습니까? 이 세상적인 것들이 바로 이런 밭과 같습니다. 이것들은 사랑하는 사람을 찌르는 잡초입니다. 이것들을 사랑하는 사람은 결국 실망을 하게 될 것입니다. "불이 가시나무에서 나와서 레바논의 백향목을 사를 것이니라"(삿 9:15). 우리가 피조물을 사랑하게 되면 이 가시나무에서 불이 나와서 우리를 집어삼키겠지만, 하나님을 사랑하게 되면, 하나님에게서 버림을 받는 일은 없을 것입니다. "나를 사랑하는 자들이 나의 사랑을 입느니라"(잠 8:17). 하나님은 성도들에게 매를 드시는 일은 있어도 결코 성도들을 미워하시지는 않습니다. 신자는 그리스도의 일부분이므로 하나님께서 신자를 미워하신다면, 그것은 곧 그리스도를 미워하시는 것이 됩니다.

일곱째, **피조물을 지나치게 사랑해서는 안 됩니다.** 술을 지나치게 좋아한다든지, 돈을 지나치게 좋아해서는 안 됩니다. 그러나 하나님에 대한 사랑에는 지나침이 있을 수 없습니다. 하나님에 대한 사랑이 깊다는 것은 자랑거리이고, 오히려 하나님을 깊이 사랑하지 않는 것이 죄악입니다. "네 마음이 어찌 그리 약한지"(겔 16:30). 우리는 "하나님에 대한 사랑이 어찌 그리 약한지!"라고도 말할 수 있습니다. 하나님에 대한 우리의 사랑은 불순물이 거의 들어있지 않은, 최종적으로 뽑아낸 물과 같습니다. 만일 우리가 지금보다 하나님을 더 사랑할 수 있었다 하더라도, 하나님의 크신 사랑에는 미치지 못했을 것입니다. 그러므로 하나님에 대한 우리의 사랑에는 지나칠 위험이 없는 것입니다.

여덟째, **세속적인 것들을 사랑할 때, 그것들은 결국 여러분을 죽이고 떠날 것입니다.** 재물이 없어지면 친척들도 다 떠납니다. 이 세상에 영원한 것은 없습니다. 피조물은 입술에 꿀을 조금 묻히고 있다가, 날개만 있으면 언제든지 날아가 버릴 것입니다. 그러니 하나님은 자기를 사랑하는 사람에게 "영원한 분깃"(시 73:26)이 되실 것입니다. 하나님은 위로의 태양이시며 영원의 반석이기도 합니다. 하나님은 영원히 거하시는 분입니다. 그러므로 세상을 사랑하는 것보다 하나님을 사랑하는 것이 더 낫습니다.

이와 같이 하나님을 사랑하는 것이 세상을 사랑하는 것보다 더 유익할 진대, 하나님을 사랑하는 것을 죄를 사랑하는 것 보다 더 유익하다고 말하는 것은 당연한 일이 아니겠습니까! 죄 가운데 사랑할 만한 것이 들어있기나 합니까? 죄는 빚입니다. "우리의 빚도 탕감하여 주옵시고" (마 6:12 헬라어 사본에서 직역함). 죄는 하나님의 진노를 유발시키는 빚입니다. 그런 죄를 어찌 사랑할 수 있겠습니까? 빚지기를 좋아하는 사람도 있습니까?

죄는 병입니다. "온 머리는 병들었고"(사 1:5). 그래도 죄를 사랑하고 싶은 마음이 듭니까? 병을 품에 안고 싶어하는 사람도 있습니까? 전염병을 사랑하고 싶습니까? 죄는 더러운 것입니다. 야고보는 죄를 "더러운 것"이라고 부릅니다(약 1:21). 죄는 문둥병이나 독사의 독에 비유됩니다. 하나님의 마음은 죄인들을 대적합니다. "내 마음에 그들을 싫어하였고"(슥 11:8). 또한 죄는 기괴한 괴물입니다. 육욕은 인간을 짐승으로 만들며, 적의는 인간을 악마로 만듭니다. 죄 안에 사랑할 만한 것이 있습니까? 여러분은 추한 것을 사랑하시겠습니까? 또한 죄는 우리의 원수입니다. 즉 죄는 네 개의 침 - 수치와 죄, 공포, 그리고 죽음을 가지고 있습니다. 자기 목숨을 노리는 일을 좋아하는 사람도 있습니까? 그러므로 우리는 하나님을 사랑하는 것이 죄를 사랑하는 것보다 더 낫다고 말해야 합니다. 하나님은 여러분이 구원 얻기를 바라시지만, 죄는 여러분을 파멸시키려고 합니다. 자기를 파멸시키고자 하는 것을 사랑하는 바보도 있습니까?

(12) 하나님과 관계를 맺으려면, 먼저 하나님을 사랑해야 합니다. 즉 하나님께 친밀감을 가져야 합니다. "너를 지으신 자는 네 남편이시라"(사 54:5). 자기 남편을 사랑하지 않는 아내도 있습니까? 남

편이신 하나님은 온유하십니다. 남편은 아내를 눈동자처럼 소중히 여깁니다. 신랑이 신부를 보고 즐거워하듯이, 하나님도 신자들을 보고 즐거워하십니다(사 62:5). 하나님은 그리스도를 사랑하시듯이, 신자들을 사랑하십니다(요 17:26). 그리스도에 대한 사랑과 신자들에 대한 사랑이 동등한 것은 아니지만, 질적으로는 똑같습니다. 하나님을 사랑하지 않는다는 것은 하나님과 아직 연합하지 못했다는 증거가 됩니다. 그러므로 하나님을 사랑해야 하겠습니다.

(13) 사랑은 가장 오랫동안 거하는 은혜입니다. 사랑은 다른 은혜들이 작별을 하고 난 이후에도 우리와 함께 머물 것입니다. 천국에서는 회개할 필요도 없습니다. 더 이상 죄를 짓지 않을 테니까요. 또 천국에서는 인내할 필요가 없습니다. 고통이 없을 테니까요. 천국에서는 믿음도 필요하지 않을 것입니다. 믿음이 보지 못하는 것들의 증거가 되기 때문입니다(히 11:1). 천국에서 우리는 하나님과 대면할 수 있을 것이며, 환상이 이루어진 곳에서는 믿음이 더 이상 필요하지 않습니다.

그렇지만 다른 은혜들이 천국에서 다 사라진 후에도 사랑은 계속 영향력을 행사합니다. 그래서 사도 바울도 사랑이 가장 오랫동안 거하기 때문에 사랑이 믿음보다 더 크다고 말한 것입니다. "사랑은 언제까지든지 떨어지지 아니하니"(고전 13:8). 믿음은 이 세상에서 우리가 의지해야 할 지팡이입니다. "우리가 믿음으로 행하고"(고후 5:7). 그러나 천국문에 이르면 이 지팡이는 버리고 사랑만 가지고 천국에 들어가게 됩니다. 이처럼 사랑은 다른 모든 은혜로부터 면류관을 되돌려 받습니다. 사랑은 가장 오랫동안 살아있는 은혜입니다. 다시 말해서 사랑은 영원의 꽃입니다. 그러므로 천국에서 우리와 함께 거하며, 어린양의 혼인 잔치 자리에 우리와 동행할 이 은혜를 더 풍성히 받으려고 애써야 하지 않겠습니까!

(14) 하나님을 사랑하는 사람의 마음에서는 죄가 자라지 못합니다. 여러 종류의 식물들이 함께 섞여 있으면 제대로 자라지 못하는 법입니다. 이처럼 하나님의 사랑은 죄를 시들게 합니다. 노인은 살아 있어도 이미 몸이 노쇠해졌기 때문에 가쁜 숨을 몰아쉽니다. 또한 사랑의 꽃은 죄의 잡초를 죽입니다. 죄는 단번에 완전히 죽는 것은 아니지만, 서서히 죽어갑니다. 죄를 부식시키는데 꼭 필요하고 유일한 요소인 이 은혜를 얻기 위해 우리는 얼마나 큰 수고를 해야하겠습니까!

(15) 하나님에 대한 사랑은 은혜가 자라는데 필요하고 귀한 도구입니다. "은혜에서 자라"(벧후 3:18). 은혜에서 자라는 것은 하나님께 기쁨이 됩니다. 그리스도는 은혜의 진리를 받아들이면서 은혜의 등급들을 정합니다. 그러면 하나님을 사랑하는 것보다 은혜를 더 장려하고 증진시킬 수 있는 것은 무엇이겠습니까? 사랑은 나무가 잘 자라도록 뿌리에 물을 주는 것과 같습니다. 그래서 사도 바울은 기도 중에 이러한 표현을 했습니다. "주께서 하나님의 사랑에 들어가게 하시기를 원하노라"(살후 3:5). 그는 이 사랑의 은혜가 다른 모든 은혜를 양육하고 소중히 여길 것임을 알았습니다.

(16) 하나님을 사랑하는 사람은 하나님이 예비하신 크신 은혜를 받을 것입니다. "하나님이 자기를 사랑하는 자들을 위하여 예비하신 모든 것은 눈으로 보지 못하고 귀로도 듣지 못하며 사람의 마음으로도 생각지 못하였다"(고전 2:9). 인간은 눈으로 진귀한 광경을 보

앉고 귀로 아름다운 음악을 들었지만, 하나님께서 자기를 사랑하는 자들을 위해 예비해 두신 것을 보지 못하고, 듣지 못하며, 깨닫지 못했다는 말입니다! 믿음은 영광스런 보상들로 가득 차 있기 때문에 믿음 그 자체를 이해할 수는 없다고 어거스틴은 말했습니다. 하나님은 자기를 사랑하는 자들에게 생명의 면류관을 주겠다고 약속하셨습니다. 이 면류관은 온갖 축복(재물과 영광과 기쁨)으로 가득 차 있으며 결코 소멸하지 않는 면류관입니다(벧전 5:4). 이처럼 하나님은 우리에게 상급을 주심으로써 우리 마음을 사로잡으십니다.

(17) 하나님에 대한 사랑은 죄를 짓지 않도록 막아주는 견고한 갑옷입니다. 마음이 사랑으로 충만해 있지 못하면, 머리는 온통 과실로 가득하게 됩니다. 하나님에 대한 사랑이 부족할 때, 불경건한 생각이 싹트는 법입니다. 사람들은 왜 심각한 착각에 빠집니까? "이는 저희가 진리의 사랑을 받지 아니함이니라"(살후 2:10). 우리는 하나님에 대한 사랑이 깊을수록 우리를 하나님으로부터 떼어내어 방탕에 빠뜨리는 이단 사상들을 더욱더 미워하게 됩니다.

(18) 하나님을 사랑하는 사람에게는 어떤 바람이든지 다 유익하며 그들에게는 세상의 모든 일들도 합력하여 선을 이룰 것입니다. 우리는 얼마나 극심한 시련에 처하게 될 것인지를 알지 못하지만, 하나님을 사랑하는 사람들에게는 모든 것이 합력하여 선을 이룰 것입니다. 그들을 대적하던 것들이 그들에게 유익을 가져다 줄 것이며 그들의 십자가는 변하여 면류관의 길이 될 것입니다. 또한 세상의 모든 바람은 그들을 천국의 항구로 보내줄 것입니다.

(19) 하나님에 대한 사랑이 부족하면 하나님을 배신하게 됩니다. 예수님은 비유를 통해 뿌리를 내리지 못한 씨앗은 자라지 못하고 쓰러지게 된다고 말씀하셨습니다. 하나님의 사랑이 마음에 뿌리 내리지 못한 사람은 유혹을 받으면 금방 쓰러지고 말 것입니다. 룻이 나오미에게 매달리듯이, 하나님을 사랑하는 사람은 하나님께 매달립니다. "어머니께서 가시는 곳에 나도 가고 어머니께서 죽으시는 곳에서 나도 죽으리이다"(룻 1:16,17). 그러나 하나님을 사랑하지 않는 사람은 오르바가 시어머니인 나오미에게 행한 대로 행할 것입니다. 즉 오르바가 시어머니에게 입을 맞추고 떠나간 것처럼, 그들도 하나님께 그렇게 할 것입니다. 이처럼 하나님을 사랑하는 마음이 없는 사람은 하나님을 배신할 것입니다.

(20) 사랑은 우리가 하나님께 드릴 수 있는 유일한 것입니다. 하나님께서 우리에게 화를 내시더라도, 우리는 화를 내서는 안 됩니다. 하나님께서 우리를 꾸짖으시더라도 우리는 하나님을 비난해서는 안 됩니다. 그렇지만 하나님께서 우리를 사랑하시면 우리도 하나님을 사랑해야 합니다. 사랑 외에는 하나님께 돌려드릴 것이 없습니다. 우리는 하나님께, 말에는 말로 갚을 것이 아니라, 사랑에는 사랑으로 갚아야 합니다.

이제까지 우리는 하나님에 대한 사랑을 불러일으키는 스무 가지 동기들에 대해 살펴보았습니다.

| **질문** | 하나님을 사랑하기위해서 우리는 무슨 일을 해야 할까요?
| **대답** | 첫째, **하나님에 대해 연구해야 합니다.** 하나님에 대해 연구하면 할수록 하나님을 더 사랑하게 됩니다. 하나님의 우월하심과 거룩

하심, 그리고 무한한 자비를 주의 깊게 살펴야 한다는 말입니다. 천사들은 하나님이 우리 인간보다 더 우월하신 분임을 알고, 하나님의 위엄이 빛나는 것을 분명히 보았기 때문에 하나님을 깊이 사랑하게 되었을 것입니다.

둘째, **하나님께 관심을 가지려고 애써야 합니다.** "하나님이여 주는 나의 하나님이시라"(시 63:1). "나의"라는 대명사는 사랑으로 이끄는 달콤한 자석입니다. 사람은 자기의 소유물을 사랑합니다. 하나님을 믿으면 믿을수록 하나님에 대한 사랑도 더 깊어집니다. 믿음을 뿌리라고 한다면, 사랑은 그 뿌리 위에서 자라난 꽃입니다. "사랑으로써 역사하는 믿음"(갈 5:6).

셋째, **하나님을 사랑하는 마음을 주시라고 진지하게 하나님께 요청해야 합니다.** 이 요청은 수락할 만한 것이므로, 하나님은 틀림없이 이 요청을 거절하지 않으실 것입니다. 솔로몬 왕이 "지혜로운 마음을 종에게 주시옵소서"(왕상 3:9)라고 하나님께 요청하자, "그 말씀이 주의 마음에 맞은지라"(왕상 3:10)며 지혜를 주셨습니다. 그러므로 여러분도 하나님께 "주여, 제가 당신을 사랑하는 마음을 주옵소서, 슬프게도 당신을 더 이상 사랑할 수 없나이다. 오, 천국에서 오는 이 불을 제 마음의 제단에 붙여주옵소서!" 리고 부르짖을 때, **솔로몬** 왕과 같은 경험을 할 수 있습니다. 주님은 틀림없이 이 기도에 만족하셔서 여러분에게 성령을 부어주실 것이며, 그 성령의 불길로 여러분의 사랑의 등불은 밝게 타오를 것입니다.

2. 하나님에 대한 사랑을 간직하라는 권면

하나님을 사랑하는 사람은 그 사랑이 꺼지거나 식지 않도록 잘 간직해야 합니다.

하나님께서 여러분을 항상 변함없이 사랑하시는 것처럼, 여러분도 하나님을 늘 사랑해야 합니다. 그러나 사랑은 불꽃과 같아서 꺼지기 쉽습니다. "너의 처음 사랑을 버렸느니라"(계 2:4). 사단이 사랑의 불꽃을 끄려고 애쓰면, 우리는 하나님에 대한 의무에 게을러지고 사랑을 잃게 됩니다. 약한 육신이 옷을 벗으면 감기에 걸리기 쉽듯이 우리가 의무를 벗어던지면, 하나님에 대한 우리의 사랑도 점차 식어갑니다. 모든 은혜 가운데 사랑을 가장 놓치기 쉽습니다. 그러므로 우리는 그 사랑을 보존하기 위해 보다 세심한 주의를 기울여야 합니다.

보석을 지닌 사람은 그 보석을 잘 간수해야 하며, 땅을 유산으로 물려받은 사람은 그 땅을 잘 지켜야 합니다. 그러니 이 사랑의 은혜는 더욱 더 주의 깊게 간직해야 하지 않겠습니까! 하나님에 대한 사랑을 버린 신앙인들을 보는 것은 슬픈 일입니다. 그러나 유감스럽게도 우리 주변에는 영적으로 타락하여 하나님에 대한 사랑을 버린 신앙인들이 많이 있습니다. 하나님에 대한 사랑이 식었음을 알려주는 네 가지 경우는 다음과 같습니다.

(1) 신앙인의 독특한 맛을 상실했을 때 지쳐있을 때에는 맛을 느끼지 못합니다. 건강했을 때와는 달리, 음식의 맛을 못 느낀다는 말입니다. 이처럼 그리스도인들도 맛을 잃으면 약속의 달콤함을 느끼지 못합니다. 이것은 영적으로 지쳐있다는 표시입니다. "너희가 주의 인자하심을 맛보았으면 그리하라"(벧전 2:3). 그들이 하나님께 가까이 다가감

으로써 평안을 누리던 때도 있었고, 하나님의 말씀이 그들의 영혼의 입에 꿀처럼 달콤하게 느껴지던 때도 있었지만, 지금은 그렇지 않습니다. 지금 그들은 "달걀 흰자위"(욥 6:60)에서 맛을 느끼지 못하듯이 영적인 것에서도 단맛을 느끼지 못합니다. 이것은 그들이 영적으로 메말랐다는 증거입니다. 그들이 하나님과의 첫사랑을 잃었기 때문에 사랑의 맛을 잃은 것입니다.

(2) 그리스도인들이 식욕을 잃었을 때 지쳐있는 사람은 예전과는 달리 음식을 보아도 입맛이 당기지 않습니다. 그들에게는 "의에 주리고 목마르던"(마 5:6) 때가 있었습니다. 그때 그들은 천국의 일들, 곧 성령의 은혜와 십자가의 보혈의 피와 하나님의 얼굴의 광채를 생각했고, 율법을 사모하였으며, 의에 굶주렸고, 거룩한 잔치자리에 참여하였습니다. 그러나 지금은 모든 것이 변하였습니다. 그들은 더 이상 식욕을 느낄 수 없고, 그리스도를 소중히 여기지 않으며, 말씀을 그다지 사모하지 않으며, 그래야겠다는 의무감에 불타지도 않습니다. 슬프게도 그들은 지쳤고 그들의 사랑은 식어버렸습니다. 다윗 왕이 이불을 덮어도 따뜻하지 아니한 것은(왕상 1:1) 그의 기력이 쇠하였다는 증거입니다. 이처럼 두꺼운 옷(율법)들을 아무리 껴입는 다해도, 그들은 사랑의 열기를 느낄 수 없고 죽은 듯이 냉랭하며 뻣뻣합니다. 이것은 그들이 지쳐있고 첫사랑도 식어버렸다는 증거입니다.

(3) 그리스도인들이 세상에 더욱 집착할 때 이것은 영적인 사랑이 식었다는 증거입니다. 과거에는 그들이 거룩하고 숭고한 성품을 지녔으며 가나안의 언어를 사용했지만, 지금은 입에 돈을 물고 있는, 복음서에 나오는 물고기와 같은 신세입니다(마 17:27). 그들은 세 마디의

말밖에 할 줄 모르는데, 그중에 하나는 재물에 관한 것입니다. 사단과 같이 그들의 생각과 애정이 아직도 세상에 매여 있다는 것은, 그들이 서둘러서 언덕을 내려가고 있으며 하나님에 대한 그들의 사랑도 식어가고 있다는 증거입니다. 자연이 부패하고 있을 때 인간은 이보다 더 썩는다는 사실에 주목하십시오. 마음이 세상을 향해 기울어지다가 마침내 세상에 굴복하고 말면, 다시는 거룩한 생각을 하도록 마음을 돌이킬 수 없습니다. 그런데 유감스럽게도 우리의 마음은 첫사랑을 잃어가고 있습니다. 쇠에 녹이 슬면 녹 때문에 쇠가 빛을 발할 수 없을 뿐만 아니라, 부식되기도 합니다. 이처럼 우리의 영혼도 세상과 결합하게 되면 은혜의 빛나는 광채를 잃을 뿐만 아니라, 점차 부식되고 맙니다.

(4) 그리스도인들이 하나님에 대한 예배를 중요시하지 않을 때 이럴 때의 종교적인 의무들은 가식일 따름입니다. 이럴 때 그들은 파멸당하지는 않더라도, 불행을 당하게 됩니다. 이것은 그들이 영적으로 타락했다는 증거입니다. 의무를 게을리한다는 것은 첫사랑이 식었다는 증거입니다. 줄이 느슨해진 바이올린으로는 좋은 음악을 연주할 수 없습니다. 이처럼 의무를 게을리하는 사람은 기도를 한다해도 기도를 하지 않는 것과 별로 다를 것이 없습니다. 이런 상태에서 드리는 기도는 하나님께 소음으로밖에 들리지 않습니다. 영적인 활동이 느려지고 무뎌졌으며, 영혼의 고동 소리가 낮아졌다는 것은 첫사랑이 식었다는 증거입니다.

이러한 영적인 타락에 빠지지 않도록 유의하십시오. 하나님에 대한 사랑을 버리는 것은 위험한 일입니다. 사랑은 우리에게 없어서는 안 될 은혜입니다. 그리스도인에게 사랑이 없다면, 무기 없는 군인, 연필 없는 미술가, 악기 없는 음악가와 같은 신세일 것입니다. 몸의 체온이 떨어지면 죽고 맙니다. 영혼에 있어서 사랑은 체온에 해당합니다. 따라서 우리는 사랑이 없이는 살 수 없습니다. 사랑은 다른 은혜들에 영향을 미치고, 감동을 불러일으키며, 죄를 슬퍼하도록 하고, 하나님 안에서 즐거워하게 합니다. 사랑은 바퀴에 치는 기름과 같아서, 사랑을 하는 사람은 하나님을 섬기는 일에 열심을 다할 것입니다. 그러므로 우리는 하나님에 대한 사랑을 지키려고 애써야 하지 않겠습니다.

| **질문** | 어떻게 해야 사랑이 식지 않을까요?
| **대답** | 매일 마음을 감찰하십시오. 무감각해지고 귀찮아지기 시작하지 않는지 잘 살펴보고, 사랑의 회복을 위해 온갖 수단을 다 동원하십시오. 기도하고 명상하며 하나님의 조언을 구하십시오. 불이 꺼지려고 할 때 불속에 연료를 던져 넣어 불을 살리듯이, 사랑의 불꽃이 꺼져갈 때 사랑의 불을 지필 연료로써 율법과 복음의 약속들을 활용하십시오.

3. 하나님을 더욱 사랑하라는 권면

성도 여러분, 하나님을 더욱 사랑하십시오. 사랑을 점점 더 풍성하게 하라는 말입니다. "내가 기도하노라. 너희 사랑을 지식과 모든 총명으로 점점 더 풍성히게 허시"(빌 1:9). 하나님에 대한 우리의 사랑은 아침 햇살과 같이 시간이 지날수록 점점 더 찬란하게 빛을 발해야 합니다. 사랑의 불씨를 조금이라도 간직하고 있는 사람은 그 불씨로 불꽃을 일으켜야 합니다. 그리스도인이라면 있는지 없는지 의심스러울 만큼 적은 양의 은혜에 만족할 것이 아니라, 은혜의 양을 점차 늘려나가야 합니다. 작은 금 조각 하나를 가지고 있는 사람은 더 많은 것을 갖고 싶어할 것입니다. 이처럼 하나님을 조금 사랑하는 사람은 하나님을 더욱 사랑하려고 애써야 합니다. 경건한 사람은 이 세상을 하찮게 여기지만, 성령의 영향력에 결코 만족하지 않고 더 많이 받고 싶어하며, 사랑에 사랑을 더하려고 애쓸 것입니다. 저는 그리스도인들이 등잔에 기름을 더 넣어 사랑의 불꽃이 활활 타오르도록 다음과 같은 세 가지의 거룩한 동기를 제안하고자 합니다.

(1) 사랑이 깊어진다는 것은 그것이 진실한 사랑임을 나타내 줍니다. 편도나무가 싹이 터서 무성하게 자라는 것을 보면 뿌리가 살아있음을 알 수 있습니다. 그러나 그림 나무는 자라지 못합니다. 이처럼 그림에 불과한 위선자도 자라지 못할 것입니다. 그러나 사람들 가운데서 하나님에 대한 사랑이 엘리야의 구름처럼 점점 자라나서 커지는 것을 보면, 우리는 그 사랑을 참되다고 말할 수 있을 것입니다.

(2) 사랑이 깊어지면 우리도 성경에 나오는 성인들과 같아질 수 있습니다. 하나님에 대한 그들의 사랑은 성소의 물처럼 솟아올랐습니다. 제자들은 처음에는 그리스도를 별로 사랑하지 않았기 때문에, 모두들 그리스도를 버리고 도망쳤습니다. 그러나 그리스도의 사후에 그들의 사랑은 풍성해져서 공개적으로 그리스도를 고백하기에 이르렀습니다. 그리스도에 대한 베드로의 사랑도 처음에는 몹시 약했기 때문에 그리스도를 부인하기까지 했지만, 나중에는 매우 담대하게 그리스도를 전파했습니다.

어느 날 그리스도께서 그의 사랑을 시험하려고 "시몬아 네가 나를 사랑하느냐"(요 21:16)고 물으셨을 때, 베드로는 그리스도께 겸손하면서도 자신 있게 "주여 그러하외다. 내가 주를 사랑하는 줄 주께서 아시나이다."라고 대답할 수 있었던 것입니다. 이와 같이 유혹의 바람을 이겨 내지 못하고 쓰러지던 약한 초목이 하나님에 대한 사랑을 통해 지옥의 온갖 권세에도 흔들리지 않는 삼나무로 자란 것입니다.

(3) 하나님에 대한 사랑이 깊어질수록 그가 받는 상급도 늘어날 것입니다. 사랑의 불길이 뜨겁게 타오를수록 영광도 더 큰 빛을 발하게 될 것이며, 사랑이 클수록 면류관도 더욱 빛날 것입니다.

(4) 우리가 하나님을 사랑할수록 하나님의 사랑도 더 커질 것입니다. 하나님께서 우리에게 달콤한 사랑의 비밀을 털어놓으시기를 바라십니까? 또 하나님의 얼굴에 나타난 미소를 갖고 싶으십니까? 그렇다면 하나님께 더 큰 사랑을 보이도록 노력하십시오. 사도 바울은 세상 사람들이 금과 진주처럼 소중하게 여기는 것도 그리스도를 위해 배설물로 여겼습니다(빌 3:8). 그의 가슴은 하나님에 대한 사랑으로 불타올랐기 때문에, 형제인 유대인들을 위해서라면 저주를 받아 그리스도에게서 끊어져도 좋다고 했습니다(롬 9:3). 하나님께 영광이 된다면 어떤 고난이든지 참고 견딜 수 있다고 생각한 까닭은, 그가 저주를 받아 그리스도에게서 끊어진다 하더라도 괜찮다고 여겼기 때문이 아니라 하나님의 영광을 열렬히 사랑하고 사모하였기 때문입니다.

바울의 이 사랑이야말로 인간이 보일 수 있는 가장 숭고한 사랑입니다. 그가 하나님의 마음에 얼마나 가까이 있는지를 보십시오! 하나님은 그를 잠시 하늘로 데려가서 품에 안으시고, 하나님의 영광스런 모습을 보여주시며, "말할 수 없는 말을" 들려주셨습니다. 이 말은 "사람이 가히 이르지 못할 말"을 뜻합니다(고후 12:4). 하나님을 사랑함으로써 손해를 입은 사람은 없습니다.

하나님에 대한 우리의 사랑이 더 커지지 않으면, 그 사랑은 곧 식어버리고 말 것입니다. 불길이 일어나지 않으면 곧 꺼져버리는 것과 마찬가지입니다. 그러므로 그리스도인들은 무엇보다도 하나님에 대한 사랑을 간직하고 불러일으키기 위해 노력해야 합니다. 우리가 천국에 오르게 되면, 이 권면은 낡은 것이 되고 말 것입니다. 그때가 되면 우리의 빛은 찬란히 빛날 것이며, 우리의 사랑도 완전해질 것이기 때문입니다. 그러나 아직은 하나님을 더욱 사랑해야 한다는 권면에 귀를 기울여야 합니다.

제7장

하나님의 부르심

모든 것이 합력하여 선을 이룰 수 있는 자격을 갖춘 사람들의 두 번째 조건은 하나님의 부르심을 입은 자들이어야 한다는 것입니다. 부르심을 입은 자들에게는 모든 것이 합력하여 선을 이룹니다. '부르심을 입은' 이라는 말이 어순에 따르면 '하나님을 사랑하는' 이라는 말 뒤에 오지만, 실제로는 그 말 앞에 와야 합니다. 즉 사랑이 먼저 거론되기는 하지만, 먼저 이루어질 수는 없습니다. 하나님의 부르심을 입은 후에야 우리가 하나님을 사랑할 수 있기 때문입니다.

부르심은 구원이라는 금 사슬의 중간 거리에 해당합니다(롬 8:30). 부르심은 예정과 영광 사이에 있습니다. 그러므로 우리가 이 중간 고리를 꽉 쥐면 이 사슬의 양쪽 끝을 확보할 수 있습니다. 이런 사실을 보다 명확하게 깨닫기 위해서 우리는 다음의 여섯 가지 사항을 고찰해야 하겠습니다.

1. 부르심의 구분

부르심에는 두 가지가 있습니다.

(1) 외적인 부르심 이것은 복음을 통해서 베푸시는 하나님의 은혜, 곧 하나님께서 죄인들을 초대하여 자비를 베푸시는 것을 의미합니다. 우리 구세주는 이에 대해 "청함을 받은 사람은 많되 택함을 입은 자는 적으니라."(마 22:14)고 말씀하십니다. 이 외적인 부르심만으로는 구원을 얻을 수 없지만, 성도라면 반드시 이 외적인 부르심을 받아야 합니다.

(2) 내적인 부르심 내적인 부르심을 받은 사람은 하나님께 사로잡혀 그리스도를 영접하려는 마음이 싹트게 됩니다. 그러므로 이것은 우리가 구원을 얻는데 필요한 부르심입니다. 하나님은 외적인 부르심을 통해 귀에 대고 나팔을 불어주시며, 내적인 부르심을 통해 마음 문을 여십니다. 루디아에게 하셨던 것처럼 말입니다(행 16:14). 외적인 부르심을 입는 사람은 그리스도를 고백하는데 그치지만, 내적인 부르심을 입은 사람은 그리스도를 영접하기까지 합니다. 외적인 부르심이 인간의 죄를 억제시킨다면, 내적인 부르심은 그의 마음을 변화시킵니다.

2. 부르심을 입기 이전의 비참한 상태

(1) 사단에게 예속되어 있습니다. 하나님의 부르심을 받지 못한

사람은 마귀의 부름에 응하지 않을 수 없습니다. 그래서 마귀가 가라고 하면 그는 가야합니다. 미혹당한 죄인은 광산에서 금을 캐내고, 채석장에서 돌을 자르며, 강에서 노를 젓는 노예와 같은 신세입니다. 그런 사람은 말이 마부의 명령에 따라야 하듯이 사단의 명령에 따라야 합니다.

(2) 어두운 상태에 처해 있습니다. "너희가 전에는 어두움이었노라"(엡 5:8). 어둠은 슬픈 것입니다. 어둠에 처해 있는 사람은 쉽게 길을 잃고 강이나 소용돌이 속으로 풍덩 빠지고 맙니다. 이처럼 우리도 무지의 어둠 속에 빠져있으면 금방 지옥의 소용돌이 속으로 휘말리고 말 것입니다.

(3) 무기력한 상태에 처해 있습니다. "우리가 아직 연약할 때에"(롬 5:6). 이것은 유혹을 물리치거나 타락을 막을 힘이 없다는 말입니다. 죄는 우리의 힘이 들어있는 머리카락을 잘라버립니다(삿 16:20). 그러나 우리의 마음은 무기력할 뿐만 아니라, 강퍅하기도 합니다. "너희가 항상 성령을 거스르느니라"(행 7:51). 이런 상태에 있는 사람은 선한 일을 하고 싶어 하지 않을 뿐만 아니라, 선한 일에 대적하기까지 합니다.

(4) 더럽혀진 상태에 있습니다. "내가 네가 피투성이가 되어 발짓하는 것을 보고"(겔 16:6). 이때에 공상은 세속적인 생각을 만들어내며, 마음은 욕정의 불꽃이 튀는 악마의 용광로입니다.

(5) 지긋지긋한 상태에 있습니다. 우리는 저주를 받고 태어났습니다. 그래서 하나님은 우리에게 늘 진노하십니다(요 3:36). 이것이 바

로 하나님의 자비로운 부르심에 따라 하나님께 다가가기 이전, 곧 비참한 상태에서 벗어나기 이전의 우리의 상태입니다.

3. 부르심의 수단

하나님께서 우리를 부르기 위해 사용하시는 일반적인 수단은 황홀과 계시가 아니라 말씀과 성령입니다.

(1) 말씀 말씀은 "주의 능력의 팔"(시 105:2)입니다. 말씀은 하나님께서 우리를 부르시는 소리이므로, 하나님께서 하늘로부터 우리에게 말씀하신다고 합니다(욥 12:25). 즉 말씀의 사역을 통해 하나님께서 우리에게 말을 거신다는 것입니다. 죄에 빠져 신음하는 우리를 부르시는 하나님의 말씀은 천국에서 들려오는 소리입니다.

(2) 성령 성령은 커다란 외침입니다. 말씀이 우리를 회개시키는데 필요한 도구라면 성령은 그 결과입니다. 목회자는 파이프 오르간에 불과합니다. 실제로 마음을 변화시키는 것은 목회자들을 통해서 불어오는 성령입니다. "베드로가 이 말 할 때에 성령이 말씀 듣는 모든 사람에게 내려오시니"(행 10:44). 이른 비와 늦은 비가 때 맞춰 오지 않는다면 농부가 아무리 열심히 씨를 뿌리고 경작을 해도 땅은 비옥해지지 않습니다. 이처럼 성령이 적절한 영향력을 발휘하지 않거나 비처럼 마음에 떨어지지 않는다면, 하나님의 말씀의 씨앗으로 사람들을 회개시킬 수 없을 것입니다. 그러므로 성령의 목적은 하나님께서 능력의 소리를 발하여 사람들로 하여금 불신앙의 무덤에서 일어나게 해달라고 간청하도록 자극하는데 있습니다. 우리가 아무리 열심히 두드려도 철문은 열리지

않습니다. 열쇠가 있어야만 그 문을 열 수 있습니다. 이와 같이 하나님이 들어오는 것을 막으려고 굳게 닫힌 사람들의 마음 문도 하나님께서 다윗의 열쇠로 따시면(계 3:7), 열리고야 말 것입니다.

4. 하나님께서 죄인들을 부르시는 방법

하나님은 특별한 방식만을 고집하여 모든 일을 늘 똑같은 순서에 따라 행하지 않으십니다. 하나님은 때로 조용하고 작은 목소리로 임하십니다. 하나님을 부모로 모시고 종교 교육의 따뜻한 햇빛 아래 앉아 있는 사람들도 자신들이 언제 어떤 방식으로 부르심을 입었는지 모를 때가 많습니다. 하나님께서 그들의 마음 속에 은혜를 남몰래 서서히 넣어주셨기 때문입니다. 마치 이슬이 눈에 뜨이지 않게 방울이 되어 떨어지듯이 말입니다. 그들은 겉으로 나타난 거룩한 결과에 의해서 하나님의 부르심을 입었다는 것을 깨달을 수 있을 뿐, 언제 어떤 식으로 부름 받았는지에 대해서는 알지 못합니다. 시계 바늘이 움직이기는 하지만, 바늘이 언제 움직이는지 알 수 없는 것처럼 말입니다.

하나님은 완고하고 고집 센 죄인들을 이와는 다른 방식으로 다루십니다. 즉 그들에게는 사나운 바람으로 임하십니다. 하나님은 그들의 마음을 상하게 하려고 율법의 쐐기들을 사용하십니다. 하나님은 그들을 수치스럽게 만드시며, 그리스도를 믿지 않으면 저주를 받게 된다는 것을 그들에게 보여주십니다. 그리고 나서 하나님은 그들에게 수치를 깨닫게 함으로써 황무지와도 같은 그들의 마음을 일구시고, 그곳에 위로의 씨앗을 뿌리십니다. 하나님은 그들에게 그리스도의 자비를 보여주심으로써, 그리스도를 받아들일 뿐만 아니라 그리스도를 열렬히 사모하고 신실하게 그리스도께 의지하려는 생각을 불러일으키십니다. 하나님은 바울을 이런 식으로 대하시고, 그리스도인들을 박해하던 그를 불러 복음의 사역자로 삼으셨습니다. 바울의 부르심은 다른 사람의 경우보다 더 두드러지기는 하지만 더 실제적인 것은 아닙니다. 이와 같이 하나님께서 죄인들을 부르시는 방법은 다양하지만, 그 결과는 언제나 똑같습니다.

5. 부르심의 특성

(1) 달콤한 부르심   하나님은 마음을 사로잡는 방법으로 사람들을 부르십니다. 하나님은 사람들을 부르실 때 강압적인 방법이 아니라 그들의 마음을 끄는 방식을 사용하십니다. 하나님은 인간이 자유 의지를 갖는 것은 허락하시지만, 하나님을 거스르는 완악한 뜻은 꺾어버리십니다.

"주의 권능의 날에 주의 백성이 즐거이 헌신하니"(시 110:3). 하나님의 부르심을 받고 난 후에는 더 이상 의심하지 말고 즉시 하나님의 부르심에 순종해야 합니다. 그리스도께서 삭개오를 부르셨을 때 그가 기쁘게 그리스도를 영접하고 자기 집으로 모신 것처럼 말입니다.

(2) 거룩한 부르심   "하나님이 거룩하신 부르심으로 우리를 부르셨도다"(딤후 1:9). 하나님은 죄 가운데 있는 사람들을 불러내십니다. 하나님의 부르심을 받은 사람들은 성결케 되고 하나님을 위해 성별되었습니다. 장막에서 쓰는 용기들은 본래 일상적으로 사용되던 것들이지만, 이제 거룩하게 사용되도록 성별되었습니다.

이처럼 부르심을 입은 사람들도 죄에서 분리되어 하나님을 섬기도록 성별되었습니다. 우리의 예배의 대상이신 하나님은 거룩하시며, 우리의 예배도 거룩하고, 우리가 도달하기를 바라는 천국도 거룩합니다. 이 모든 것은 거룩함을 필요로 합니다. 그리스도인의 마음은 신성한 삼위일체 하나님을 만나는 곳이 되어야 합니다. 그러니 그 마음에 새겨진 것이 주님이 보시기에 거룩하지 않을 수 있겠습니까? 신자들은 성부의 자녀요, 성자의 지체요, 성령의 성전입니다. 그런데도 그들이 거룩하지 않다고 말할 수 있겠습니까? 거룩함은 하나님의 백성이 차고 다니는 표지요, 입고 다니는 옷입니다. "주의 거룩한 백성"(사 63:18). 정숙한 여자와 창녀를 구분하는 기준이 순결이듯이, 거룩함은 경건한 사람과 악한 사람을 구분하는 기준이 됩니다. 그렇기 때문에 이 실제적인 부르심은 거룩한 부르심인 것입니다. "하나님이 우리를 부르심은 부정케 하심이 아니요 거룩케 하심이니라"(살전 4:7).

죄 가운데 살면서 하나님의 부르심을 입었다고 말할 수 있는 사람은 없습니다. 하나님께서 여러분을 불경한 자나 술주정뱅이로 부르셨나요? 아닙니다. 신앙이 없는 도덕론자는 부르심을 받았다고 말할 수 없습니다. 제 아무리 예의 바르다 한들 거룩하게 성별되지 않았다면 무슨 소용이 있겠습니까? 그것은 꽃으로 뒤덮인 죽은 송장에 불과합니다.

동화에 아무리 왕의 얼굴이 새겨져 있다 해도 그것이 금화가 될 수는 없는 것입니다. 단순한 도덕론자는 그 얼굴에 하늘의 형상을 지닌 왕의 모습이 새겨져 있다 해도, 하나님께서 쓰시기에 합당하지 못한 가짜 금속보다 나을 것이 없습니다.

(3) 저항할 수 없는 부르심 하나님의 은혜의 부르심을 받은 사람은 하나님께 오지 않을 수 없습니다. 우리는 성직자의 부름은 거절할 수 있어도, 성령의 부르심을 거절할 수는 없습니다. 성령께서 석판에 율법을 새기셨듯이, 우리의 마음의 돌에 부르심을 새길 수 있습니다. 하나님의 말씀은 창조적인 말씀입니다. 하나님께서 "빛이 있으라" 하시매 빛

이 있었듯이, 하나님께서 "믿음이 있으라" 하시면 믿음이 있을 것입니다. 하나님께서 바울을 부르셨을 때, 그는 그 부르심에 응답했습니다. "하늘에서 보이신 것을 내가 거스르지 아니하였나이다"(행 26:19). 하나님은 복음의 전차를 타고 정복하러 나가십니다. 또한 하나님은 눈먼 자를 보게 하시며, 무정한 마음을 다정하게 하십니다. 하나님의 부르심의 길을 방해할 것은 없습니다. 어려운 문제들은 저절로 풀릴 것이며 지옥의 권세들은 해체될 것입니다. "누가 그 뜻을 대적하느뇨?"(롬 9:19) 하나님은 쇠빗장을 꺾으시고 놋문을 깨뜨리셨습니다(시 107:16).

하나님께서 성령의 힘으로 인간의 마음을 치시면, 인간의 오만한 망상은 산산조각나 버리고 제멋대로 살던 사람이 하나님께 굴복하게 될 것입니다. 시편 114편 5절을 보면 "바다야 네가 도망함은 어찜이며 요단아 네가 물러감은 어찜인고"라고 기록되어 있습니다. 이전에 성난 파도처럼 날뛰면서 악한 짓을 일삼던 사람이 어느 날 갑자기 두려워서 뒷걸음질 치면서, "내가 어떻게 하여야 구원을 얻으리이까"(행 16:30)라고 말한 간수처럼 쓰러지고 맙니다. "아 바다여 무엇이 그대를 괴롭히는가? 무엇이 이 사람을 괴롭히는가?" 하나님은 죄 중에 고통 받는 사람을 부르고 계십니다. 또한 하나님은 은혜의 사역을 행하십니다. 그리하여 하나님은 달콤한 위력을 가하여 인간의 완악한 마음을 정복할 수 있는 것입니다.

(4) 고귀한 부르심 "푯대를 향하여 그리스도 예수 안에서 하나님이 위에서 부르신 부름의 상을 위하여 좇아가노라"(빌 3:14). 우리가 고귀한 신앙 훈련을 하도록, 즉 죄에 대해 죽고, 세상에 대해 십자가에 달리고, 믿음으로 살며, 성부 하나님과 친교를 갖도록 부름받았으므로, 이 부르심은 고귀한 것입니다. 이것은 자연인으로서는 수행할 수 없는 고

귀한 일이기 때문에 고상한 부르심인 것입니다. 또한 우리가 고귀한 특권을 누리도록, 즉 의롭다 하심을 얻고 하나님의 양자가 되어 그리스도와 함께 기업을 물려받을 수 있도록 부름받았기 때문에 이 부르심은 고귀한 것입니다. 하나님의 부르심을 받은 사람은 세상의 왕보다 더 고귀한 존재입니다.

(5) 은혜로운 부르심 하나님의 부르심은 값없이 주시는 하나님의 은혜의 열매요 결과입니다. 하나님께서 자유 의지로 어떤 사람은 부르시고 또 어떤 사람은 부르지 아니하시며, 어떤 사람은 영접하시고 또 어떤 사람은 버리신다는 점에서 볼 때, 그리고 거칠고 늘 수심에 차 있는 사람은 부르시면서 오히려 지적이고 온화한 사람은 거부하신다는 점에서 볼 때 이 부르심은 순전히 하나님의 은혜인 것입니다. 그리고 가난한 사람이 믿음 안에서 부요해지고 하나님 나라의 상속자가 되는데 반해 (약 2:5), 이 세상의 권세자들은 대부분 배척을 당하는 것도 "문벌 좋은 자가 많지 아니하도다"(고전 1:26).

 따지고 보면 하나님의 값없고 풍성한 은혜 때문입니다. "옳소이다. 이렇데 된 것이 아버지의 뜻이니이다"(마 11:26). 이 설교를 듣고 마음에 감동을 받는 사람이 있는가 하면, 죽은 사람이 음악을 들을 때처럼 아무런 느낌을 받지 못하는 사람도 있습니다. 이 설교 말씀을 통해 성령의 소리를 듣는 사람도 있고, 듣지 못하는 사람도 있습니다. 하늘의 영광을 입고서 마음이 누그러져 눈물을 흘리는 사람이 있는가 하면 기드온의 메마른 양털처럼 이슬을 머금지 못하는 사람도 있습니다. 이렇게 믿는 사람과 믿지 않는 사람을 구별하시는 하나님의 은혜가 얼마나 놀라운지요! 똑같은 시련을 당해도 회개하고 하나님을 믿는 사람이 있는가 하면, 오히려 더 강퍅해지는 사람이 있습니다. 시련이 음식 맛을 나쁘게 하는 것이라고 생각하는 사람이 있는가 하면, 맛없는 잡초를 절구로 찧는 것이라고 생각하는 사람도 있습니다.

이와 같이 사람들을 식별하는 것이 하나님의 자유로운 은혜가 아니고 무엇이겠습니까? 그렇기 때문에 하나님의 부르심은 은혜로운 부르심이며, 하나님의 자유로운 은혜로 장식되어 있는 것입니다.

(6) 영광스런 부르심 "자기의 영원한 영광에 들어가게 하신 이"(벧전 5:10). 보좌에 앉도록 감옥으로부터 부름받은 사람처럼 우리는 영원히 은혜로우신 하나님을 기뻐하도록 부름받았습니다. 퀸투스 쿠르티우스(Quinatus Curtius, 주후 1세기의 저술가이자 알렉산더 대왕의 전기 작가)는 정원에서 흙을 파헤치다가 왕으로 부름받은 사람에 대해 기술하고 있습니다. 하나님은 영광과 덕으로써 우리를 부르십니다(벧후 1:3). 처음에는 덕으로써 부르시고 다음에 영광으로 부르십니다. 아테네에는 두 개의 신전이 있었는데, 하나는 덕의 신전이었고 다른 하나는 영예의 신전이었습니다. 그런데 영예의 신전에 들어가고자 하는 사람은 반드시 덕의 신전을 거쳐야 했습니다. 이처럼 하나님도 우리를 먼저 덕으로 부르시고 그 다음에 영광으로 부르셨습니다.

많은 사람들이 찾아 헤매는 영광이 무엇입니까? 바람에 날아가 버리는 깃털이 아닙니까? 그것을 어떻게 하나님의 영광에 비할 수 있겠습니까? 하나님의 부르심을 따라야 할 중요한 이유가 없습니까? 하나님은 우리를 높은 지위로 부르십니다. 그런데 이 부르심 속에 손실이나 손해가 있을 수 있겠습니까? 하나님은 우리에게 좋은 것을 버리라고 요구하시는 것이 아니라, 가지고 있으면 오히려 손해를 당하는 것을 버리도록 권면하십니다. 하나님은 우리를 행복하게 만드시는 것 외에 다른 계획을 갖고 계시지 않습니다. 하나님은 우리가 구원을 얻고 천국에 들어가도록 부르십니다. 그러니 우리도 바디메오처럼 누더기가 된 죄의 옷을 벗어 던지고 그리스도의 부르심에 따라야 하지 않겠습니까!

(7) 드문 부르심 그러나 구원을 얻도록 부르심을 받은 사람은 소수입니다. "택함을 입은 자는 적으니라"(마 22:14). 이 말은 절대치가 적다는 말이 아니라, 상대적으로 적다는 말입니다. "부르다"라는 말은 다른 많은 사람들 가운데서 몇 사람을 택하는 것을 의미합니다.

성령의 빛은 많은 사람들에게 고루 비치지만, 그 빛을 볼 수 있는 사람은 적습니다. "사데에 그 옷을 더럽히지 아니한 자 몇 명이 네게 있으니라"(계 3:4). 어둠에 머물러 있는 사람이 얼마나 많습니까! 의로운 태양이 비치고 있는 곳에서 서서 진리의 빛을 사랑하지는 않고 그냥 받아들이기만 하는 사람들이 있습니다. 형식주의자는 많아도 진정한 신자는 별로 없습니다. 믿음처럼 보이지만 실제로는 믿음 아닌 것이 있습니다. 키프러스의 다이아몬드는 진짜 다이아몬드처럼 빛을 내지만, 해머로 때려서 깨뜨려지는 것을 보면 진짜 다이아몬드가 아니라고 플리니(Pliny, '자연사'를 쓴 로마의 저술가. 주후 79년 화산 대 폭발 때 죽음)는 말했습니다. 이처럼 거짓된 믿음도 박해라는 해머로 치면 깨지고 말 것입니다. 진실로 하나님의 부르심을 받은 사람은 소수입니다. 이처럼 보석은 자갈의 수에 비하면 매우 적습니다. 오늘날 대부분의 사람들은 시류에 맞게 신앙생활을 영위합니다. 그들은 악기 소리를 듣고 신상에게 엎드려 절을 합니다(단 3:7). 우리는 이런 사실을 심각하게 받아들여, 두려운 마음으로 구원을 얻기 위해 애쓰고 하나님의 은혜를 받은 소수의 무리 가운데 한 사람이 되고자 노력해야 하겠습니다.

(8) 변치 않는 부르심 "하나님의 은사와 부르심에는 후회하심이

없느니라"(롬 11:29). 부르심은 선택된 사람이 받는 선물입니다. 하나님께서 어떤 사람을 부르신 다음에 그것을 후회하는 일은 없으십니다. 하나님은 우리를 사랑한다고 했다가 공연히 우리를 미워하는 변덕스런 친구가 아니시며, 총애하던 신하가 마음에 들지 않는다고 감옥에 집어넣는 변덕스런 왕이 아니십니다. 그러므로 하나님의 부르심을 입은 성도는 복을 받은 것입니다. 그의 상황은 절대로 달라지는 일이 없습니다. 하나님의 뜻은 변함이 없기 때문에, 그 뜻에 의지하여 우리를 부르시는 하나님의 부르심도 절대로 변함이 없습니다.

하나님은 일단 행하신 일은 결코 번복하는 일이 없으십니다. 하나님은 백성의 죄를 없애는 분이지 그들의 이름을 지워버리시는 분이 아닙니다. 세상적인 것들은 시시각각으로 변해도, 부르심 받은 신자의 상태는 확고부동합니다.

6. 부르심의 목적

하나님은 자신의 영광을 위해 우리를 부르셨습니다. "우리로 그의 영광의 찬송이 되게 하려 하심이라"(엡 1:12). 짐승이 이성적인 행동을 할 수 없는 것처럼, 자연 상태의 인간은 하나님을 영화롭게 하지 못합니다. 회개하기 이전의 인간은 항상 하나님을 모욕합니다. 늪에서 생겨난 검은 수증기가 구름이 되어 해를 가리워 버리듯이, 자연인의 마음에서 하나님의 영광을 뒤덮는 죄의 검은 수증기가 생겨납니다. 죄인은 하나님을 배신할 줄만 알았지 하늘의 임금님께 충성할 줄 모릅니다. 그러나 하나님의 은혜를 많이 받은 사람도 있습니다. 하나님은 이들을 쓰레기에서 골라낸 보석처럼 소중히 여기시고, 그들로 하여금 세상에서 하나님의 이름을 들어 올리도록 부르실 것입니다.

하나님은 어느 시대 어느 곳에든지 타락을 방지하고, 진리를 증거하며, 잘못된 길에서 헤어 나오도록 죄인들을 인도할 사람들을 세워두실 것입니다. 또한 다윗 왕이 그의 신분에 맞는 가치를 지녔듯이, 하나님도 합당한 가치를 지니실 것입니다. 하나님께 자비를 얻은 사람들은 하나님을 찬양하는 나팔이 될 것입니다.

이상의 사실들을 통해서 우리는 하나님의 부르심을 입어야 할 필요성을 알게 되었습니다. 하나님의 부르심을 입지 못한 사람은 천국에 들어갈 수 없기 때문입니다. 우리는 "성도의 기업을 얻기에 합당해"져야 합니다(골 1:12). 하나님께서 우리에게 합당하도록 천국을 만드시듯이, 천국에 합당하도록 우리를 만드십니다.

하나님의 부르심 외에 이러한 일을 이룰 수 있는 것이 또 있겠습니까? 죽은 자가 재산을 물려받을 수 없는 것처럼, 더러운 자연 상태에 머물러 있는 사람은 천국에 합당한 인물이 되지 못합니다.

우리가 하나님의 부르심을 받든 받지 못하든 상관없는 것이 아니라, 우리에게 구원이 꼭 필요한 것처럼 하나님의 부르심도 꼭 필요합니다. 그러나 슬프게도 우리는 하나님의 부르심이 필요하다는 것을 무시한 적이 얼마나 많습니까! 오늘날 많은 사람들은 이스라엘 백성처럼 지푸라기를 모으려고 이리 저리 돌아다니면서도 정작 그들이 하나님의 부르심을 입었다는 증거를 찾는 일에는 관심이 없습니다.

하나님께서 죄인들을 부르실 때 보여주신 권능이 얼마나 큰지를 생각해 보십시오. 하나님은 우리를 자신에게로 이끄시기 위해 부르십니다(요 6:44). 회개하고 하나님께로 돌아온 사람만이 부활에 참여할 수 있습니다.

"부활에 참예하는 자들은 복이 있도다"(계 20:6). 회개하고 하나님께 돌아오는 것은 죄에서 벗어나서 은혜 가운데로 들어오는 것을 의미합니다. 죽은 자가 스스로 일어설 수 없듯이, 인간은 스스로 회개하고 하나님께 돌아올 수 없습니다. 그래서 회개하고 하나님께로 돌아오는 것을 창조라고 말합니다(골 3:10). 그런데 창조는 자연의 힘을 뛰어넘습니다.

| **반론** | 그러나 인간의 의지는 죽은 것이 아니라 잠자고 있는 것이며 하나님은 도덕적인 설득 방법으로 우리를 각성시키실 뿐이므로, 인간적인 의지만으로도 우리는 얼마든지 하나님의 부르심에 순종하여 스스로 회개하고 돌아올 수 있다고 주장하는 사람들이 있습니다.

| **대답** | 이 반론에 대해 저는, 인간은 누구나 죄에 속해 있다고 대답하고자 합니다. "내가 보니 너는 불의에 매인 바 되었도다"(행 8:23). 이 반론에 입각해 볼 때, 발에 족쇄를 차고 있는 사람에게 걸어가라고 말한들 무슨 소용이 있겠습니까? 그 사람이 걸어다닐 수 있도록 하려면, 먼저 족쇄를 끊어 그의 발을 자유롭게 해주어야 합니다. 모든 자연인의 경우에도 이렇게 해야 합니다. 자연인은 모두 타락 상태에 빠져있기 때문입니다. 그러므로 먼저 하나님께서 인간에게 회개의 은혜를 베푸시어 그의 족쇄인 죄를 없애버려야 합니다. 그렇지 않으면 그는 두 발로 뛰어다닐 수도 없고 구원을 받을 수도 없습니다.

| **적용** | 너희 부르심을 굳게 하라는 권면

"더욱 힘써 너희 부르심을 굳게 하라"(벧후 1:10). 이와 같이 하나님의 부르심의 올바른 증거들을 얻는 것이 우리 인생의 최대 목적입니다. 유대인들처럼 "여호와의 전이라"(렘 7:4)고 외치기만 하거나 외적인 특권에 현혹되지 마십시오. 세례에 의존하지 마십시오. 이 세례가 성령 세례가 아니라, 물세례라면 어찌시겠습니까? 또 그리스도께서 여러분에게 전해졌다는 사실에 만족하지 마십시오. 헛된 신앙고백에 만족하지

마십시오. 이 모든 것은 타오르는 혜성보다 나을 것이 없습니다. 그 대신 여러분이 하나님의 부르심을 받았다는 사실을 각자의 영혼에 증명하려고 애를 쓰십시오.

아덴 사람들처럼 새로운 지식을 구하지 마십시오. 이 시대 상황이 아무리 혼란스러운들 무슨 소용이겠습니까? 금년에 변화가 일어난다 한들 무슨 소용이겠습니까? 다시 말해서 하나님의 부르심을 받지 못했는데, 이런 일들이 무슨 의미가 있겠느냐는 말입니다. 또 오늘날 극적으로 첨가할 수 있는 측면이 있다 한들 무슨 의미가 있겠습니까? 하나님의 영광이 이 세상에는 임했지만, 우리의 심령 속에 임하지 않는다면 무슨 소용이 있겠습니까?

아, 형제들이여, 밖이 어두우면 안이 더 밝게 보이는 법입니다. 그러니 여러분의 부르심을 굳게 하십시오. 하나님은 자기를 구하는 자들에게 무슨 일이든지 다 해주시는 분이기 때문입니다. 그러므로 인간의 손으로 이 위대한 일을 잡으려고 하지 맙시다. 만일 세상사에 관해 논쟁이 일어났다면 여러분은 자기의 주장을 옹호하기 위해 온갖 수단을 다 동원할 것입니다. 그런데 구원에 대한 논쟁이 벌어졌을 때 그렇게 하지 않는 것은 구원 문제가 세상사에 관한 것보다 중요하지 않기 때문입니까? 여러분은 구원에 대한 여러분 자신의 주장을 변호하고 있습니까? 하나님의 부르심을 받지 못한 사람들의 처지가 얼마나 불쌍한지를 생각해 보십시오.

부르심을 입지 못한 사람은 하나님께 외인입니다. 탕자는 먼 나라로 떠났습니다(눅 15:13). 이 말은 회개하기 이전의 모든 죄인이 하나님을 떠났음을 의미합니다. "그때에 너희는 그리스도 밖에 있었고 약속의 언약들에 대하여 외인이라"(엡 2:12). 외국인이 시민의 특권을 가질 수 없듯이 죄 가운데 죽어가는 사람들은 약속을 받을 수 없습니다. 외인된 사람은 하나님에게서 "나는 너를 모른다."는 말밖에 무슨 말을 들을 수 있 겠습니까?

하나님의 부르심을 받지 못한 사람은 원수입니다. "멀리 떠나 원수가 되었던 너희"(골 1:21). 성경은 언제나 원수들에게 위협을 가합니다. 원수들은 성경에 기록된 모든 불행을 물려받습니다. 비록 그들이 율법의 계명을 거부한다 해도, 율법의 저주를 피할 수 없습니다. 그러므로 하나님께 원수된 자들의 운명이 어떻게 될 것인지를 그들에게 일깨워 줍시다. "그리고 나의 왕 됨을 원치 아니하던 저 원수들을 이리로 끌어다가 내 앞에서 죽이라"(눅 19:27). 사정이 이와 같은데, 여러분은 부르심을 굳게 하는 것이 참으로 중요한 일이 아니겠습니까! 성령이 부르기 전에 먼저 죽음이 여러분을 부른다면, 여러분은 얼마나 비참하고 괴롭겠습니까!

| **질문** | 그렇지만 저같이 큰 죄인도 하나님의 부르심을 입을 수 있을까요?

| **대답** | 큰 죄인들도 부르심을 입었습니다. 예를 들어 바울은 그리스도인들을 박해하던 자였지만, 하나님의 부르심을 입었습니다. 또 그리스도를 십자가에 매단 유대인들 가운데 몇 사람도 하나님의 부르심을 입었습니다. 하나님은 죄인들에게 값없이 크신 은혜를 베풀기 좋아하십니다. 그러니 죄가 많다고 낙심하지 마십시오. 여러분은 두려움에 떠는 불쌍한 영혼을 구해주기 위해 하나님께서 금줄을 내려 보내시는 것을 보게 될 것입니다.

| **질문** | 그러면 하나님의 부르심을 받았는지를 어떻게 알 수 있습니까?

| **대답** | 하나님의 부르심을 받은 사람은 자기 자신, 즉 죄 많은 자아뿐만 아니라, 의로운 자아로부터 벗어나도록 부르심을 입은 것입니다. 그래서 그 사람은 자신의 의무와 도덕적 자질을 부인합니다. "내가 가진 의는 …… 아니요"(빌 3:9). 성령의 감화 감동을 받은 사람은 자기의 의라는 우상을 짓밟도록 그리스도의 발 앞에 내려놓습니다. 그는 도덕과 신앙의 의무들을 사용하지만 그것을 믿지는 않습니다. 노아의 비둘기는 날개를 펄럭이며 날아갔지만, 방주를 안전한 곳이라고 믿고 돌아왔습니다. 인간이 자아로부터 나오도록 부르심을 입는다는 것은 매우 멋있는 일입니다. 어거스틴은 이런 자기 부인이야말로 구원의 신앙에 이르는 첫 번째 단계라고 말했습니다.

하나님의 부르심을 입은 사람은 변화를 경험하게 됩니다. 그런데 그 변화는 능력의 변화가 아니라, 특성의 변화입니다. 즉 하나님의 부르심을 받고 나면, 그 이전과 달라진다는 말입니다. 그의 외형은 이전과 똑같지만, 그의 마음은 달라진다는 말입니다. 그 까닭은 그가 새로운 영을 지니게 되었기 때문입니다. 예를 들어 회심하고 난 후 변화된 바울을 아무도 알아보지 못했습니다(행 9:21). 은혜는 인간을 참으로 크게 변화시킵니다! "너희 중에 이와 같은 자들이 있더니 거룩함과 의롭다 하심을 얻었느니라"(고전 6:11). 이처럼 은혜는 마음을 변화시킵니다.

하나님의 부르심을 입은 사람은 다음의 세 가지 변화를 겪게 됩니다.

(1) **이해의 변화** 이전에는 무지해서 인간의 내면에 대해서 알지 못했지만, 이제는 빛이 있습니다. "이제는 주 안에서 빛이라"(엡 5:8). 세상을 창조하실 때 하나님은 맨 처음에 빛을 만드셨습니다. 새 창조 때에

도 마찬가지일 것입니다. 부르심을 입은 복음서에 나오는 소경처럼 "내가 소경으로 있다가 지금 보나이다."(요 9:25)라고 말할 수 있을 것입니다. 그는 전에는 죄가 악하고 하나님의 길이 옳다는 것을 알지 못했지만, 지금은 알게 되었습니다. 게다가 성령께서 비추시는 이 빛은 기이한 빛입니다. "이는 그의 기이한 빛에 들어가게 하신 자의 아름다운 덕을 선전하게 하려 하심이라"(벧전 2:9). 이 빛은 다음의 여섯 가지 관점에서 볼 때 기이한 빛입니다.

첫째, 이상하게 전달되기 때문입니다. 이 빛은 유성들이 있는 천체에서 임하지 않고 의의 태양으로부터 임합니다.

둘째, 이 빛의 효과가 기이하기 때문입니다. 이 빛은 다른 빛이 할 수 없는 일을 합니다. 즉 이 빛은 사람들에게 눈이 멀었음을 깨닫게 해줍니다.

셋째, 이 빛은 더 깊은 곳까지 미치기 때문입니다. 다른 빛은 얼굴에 비치지만, 이 빛은 마음 속까지 비쳐서 양심을 일깨워 줍니다(고후 4:6).

넷째, 이 빛은 사람들을 놀라게 하기 때문입니다. 이 빛을 지닌 사람들은 자신들이 이 빛이 없을 때에도 만족하며 살 수 있었다는 사실에 놀랍니다. 또한 그들은 다른 사람이 아닌 그들 자신의 눈이 뜨여야 한다는 사실에 놀랍니다. 그 밖에도 그들은 이 빛을 미워하고 거부했는데도 그 빛이 그들의 영혼의 하늘을 비춘다는데 놀랍니다. 그래서 성도들은 영원한 빛을 보고 기이하게 여길 것입니다.

다섯째, 이 빛은 다른 어떤 빛보다도 더 생생하기 때문입니다. 이 빛은 사람들을 교화시킬 뿐만 아니라, 그들의 영혼에 활기를 불어넣어 주기도 합니다. 즉 이 빛은 "허물과 죄로 죽었던"(엡 2:1) 사람들에게 생기를 불어넣어 줍니다. 그래서 이 빛을 "생명의 빛"이라고 합니다(요 8:12).

여섯째, **이 빛은 영원한 빛의 시작이기 때문입니다.** 은혜의 빛은 영광의 햇빛을 예고하는 샛별입니다.

그러면 여러분은 이 기이한 성령의 빛이 여러분에게 임했다고 말할 수 있습니까? 무지에 싸여 하나님도 모르고 자신도 모를 때, 갑자기 하늘에서 빛이 내려와 여러분 주위를 비쳤습니다. 이것이 바로 하나님의 부르심을 입은 사람이 겪는 변화 가운데 하나입니다.

(2) 바라는 것의 변화 "원함은 내게 있노라"(롬 7:18). 부르심을 입기 전에는 그리스도를 대적하고 싶어하던 사람이 부르심을 입은 지금은 그리스도를 영접하고 싶어합니다. 우리가 바라는 것이 이전에는 무쇠 근육과 같았지만, 지금은 녹아내리는 왁스와 같습니다. 이제 우리는 성령의 표를 받고 싶어합니다. 우리는 천국을 사모하며 우리의 눈은 하나님에 대한 사랑으로 가득 차 있습니다. 메아리가 소리에 대한 반향이듯이, 중생 한 사람이 원하는 것은 하나님의 부르심에 대한 응답인 것입니다. "주여 무슨 일이나이까"(행 10:4; 주여 제게 무슨 일을 하고자 하십니까 — 사역).

하나님의 부르심을 입은 지금 우리는 진심에서 하나님을 영접하기를 원합니다. 이제 우리는 구원의 주님 편에 가담하게 되었습니다(히 2:10). 이 얼마나 행복한 변화입니까! 우리는 이전에는 그리스도를 우리의 심령에서 몰아내고 싶어했지만, 지금은 죄를 몰아내고 싶어합니다.

(3) 행동의 변화 하나님의 부르심을 입은 사람은 이전과는 정반대되

는 행동을 합니다. 이전에는 남을 시기하고 미워했지만, 이제는 이웃을 사랑하게 되었습니다. 이전에는 거만하게 굴었지만, 이제는 겸손해졌습니다. 즉 이전과는 행동이 달라졌다는 말입니다. 심령이 새롭게 태어남으로서 삶이 새로워졌습니다. 이처럼 하나님의 부르심을 입은 사람은 큰 변화가 일어나게 됩니다.

그렇다면 심령과 행동이 전혀 변화되지 않은 사람, 즉 40년 전이나 50년 전과 똑같이 거만하고 속물적인 삶을 사는 사람을 가리켜 하나님의 부르심을 입었다고 말할 수 있겠습니까? 그들은 수십 년 동안 살면서 많은 변화를 보아왔지만 정작 그들 자신의 심령은 변화되지 않았습니다. 그들은 음부를 무릎(세상)에 기대는 대신 아브라함의 품에 안겨야겠다는 생각을 추호도 하지 않습니다. 살아서 은혜로운 변화를 맛보지 못한 사람은, 죽어서 무서운 변화를 맞게 될 것입니다.

하나님의 부르심을 입은 사람은 이 부르심을 가장 큰 축복으로 여깁니다. 하나님의 은혜로 부르심을 입은 왕은 왕으로 임명받은 것보다 성도로 부르심을 입었다는 사실을 더 소중히 여깁니다. 그는 자신이 고귀한 가문 태생이라는 것보다 고귀한 하나님의 부름을 받았다는 사실을 더 중요하게 생각합니다. 4세기 말의 로마 황제인 테오도시우스("대왕"이라는 칭호가 붙음. 주후 390년에 밀란의 주교 암브로시우스와 만난 것으로 유명함)는 황제가 되는 것보다 그리스도인이 되는 것이 더 명예로운 일이라고 생각했습니다. 어린 아이가 다이아몬드 목걸이의 진가를 알 수 없듯이, 세속적인 인간은 영적인 축복의 가치를 모릅니다. 회개하고 하나님께로 돌아오기 이전의 인간은 세상의 부귀영화에 가치를 둡니다. 그런 사람은 성도로 부름받기보다는 공적으로 임명받기를 원합니다. 이것은 그가 아직 하나님의 부르심을 입지 못했다는 증거입니다. 그러나 성령의 가르침을 받은 사람은 거룩함을 가장 좋은 문장으로 가슴에 새기고 다니며, 하나님의 부르심을 입었다는 사실을 매우 자랑스럽게 여깁니다.

하나님의 부르심을 입은 사람은 세상에서 나오도록 부르심을 입은 것입니다. 이것은 "하늘의 부르심"입니다(히 3:1). 하나님의 부르심을 입은 사람은 고귀한 것들을 사모합니다. 그의 육신은 이 세상에 살고 있지만 이 세상의 사람이 아닙니다. 자연 연구가들은 보석이 흙을 재료로 하여 만들어진 것이기는 하지만 번쩍번쩍 빛을 발하는 이유는 하늘의 감화를 받았기 때문이라고 말합니다. 경건한 사람도 그의 육체는 흙으로 빚어 만든 것이지만, 번쩍이는 그의 사랑은 하늘에서 온 것입니다. 그의 심령은 그리스도처럼 고귀한 영역으로 이끌림을 받았습니다. 이제 그는 사악한 일들을 말끔히 씻어버리게 되었으며, 이 세상에서 중요하게 여겨지는 것들도 던져버릴 수 있게 되었습니다. 이제 그는 벌레가 아니라 독수리입니다.

하나님의 부르심을 입었다는 또 다른 증거는 일상적인 일을 게을리하지 않는 것입니다. 하나님의 부르심을 입었다고 자랑하면서 일은 하지 않고 빈둥빈둥 노는 사람들이 있습니다. 그러나 기독교는 게으른 사람을 용납하지 않습니다. 그리스도인은 게으름을 부려서는 안 됩니다. 게으른 사람은 악마의 욕조에나 들어가고 맙니다. 게으른 사람은 죄의 유혹을 물리치지 못하고 굴복하고 맙니다. 은혜를 내리시어 우리의 심령을 치유하시는 하나님께서 우리의 손을 일하지 못하도록 묶어놓으실 리가 있겠습니까! 그러므로 하나님의 부르심을 입은 사람은 한편으로는 천국에 들어갈 준비를 하면서, 다른 한편으로는 이 세상에서 주어진 일을 열심히 해야 하겠습니다.

苦難

제팔장

부르심을 입은 자들에게 주는 권면

하나님의 부르심을 입은 성도들에게 저는 다음과 같은 세 가지 권면을 하고자 합니다.

1. 여러분을 부르신 하나님의 값없이 크신 은혜를 찬양하고 경배하십시오.

하나님은 많은 사람들을 그냥 지나치셨으며, 학식이 높고 신분이 높은 사람을 모른 척 하시고, 비천한 우리에게 크신 은혜를 내리셨습니다. 또한 하나님은 악마의 노예가 되어 악마의 제분소에서 강제노역에 시달리던 우리를 택해, 세상의 왕들보다 더 높은 지위에 앉히시고 영광의 보좌를 기업으로 물려받도록 부르셨습니다. 그러니 무릎을 꿇고 하나님께 감사에 찬 승리의 찬양을 드리십시오. 성령으로 새로워지니 심령을 현악기로 삼아 하나님의 자비로우심을 기념하는 노래를 연주하십시오. 하나님의 은혜를 많이 받은 우리는 하나님께 감사의 노래를 불러 드려야합니다. 아름다운 노래를 부른 시편의 기자처럼, 우리도 "왕이신 나의 하나님이여 내가 주를 높이고 영원히 주의 이름을 송축하리이다"(시 145:1,2)고 말해야 하겠습니다. 하나님의 자비를 얻은 사람은 찬양의 나팔이 되어야 합니다. 우리가 감사드리는 찬양이 더 맑게, 더 높이 울려 퍼지기를 갈망합시다.

2. 아직 하나님의 부르심을 입지 못한 사람들을 불쌍히 여기십시오.

죄인들을 미워하지 말고 불쌍히 여기십시오. 그들은 "사단의 권세" 아래 있는 자들입니다(행 26:18). 그들의 삶은 항상 깊은 수렁의 가장자리를 아슬아슬하게 밟고 지나다니는 것처럼 위태롭습니다. 죽음이 그들을 삼켜버리면 어떻게 합니까! 길을 잃고 헤매는 소나 나귀를 불쌍히 여기는 사람은 하나님을 떠나 길도 잃고, 정신도 잃고, 마침내 죽음의 벼랑에 서게 된 가련한 영혼을 동정하지 않을 수 없을 것입니다.

그렇지만 죄인들을 불쌍히 여기기만 해서는 안 됩니다. 우리는 그들의 불쌍한 영혼을 위해 하나님께 기도 드려야 합니다. 그들이 여러분을 저주한다 할지라도, 여러분은 그들을 위해 기도해야 합니다. 여러분은 죄를 진 어리석은 이들을 위해 기도해야 한다는 말입니다. "스스로 돌이켰다"(눅 15:17)는 말을 보면 회개하기 이전의 탕자는 제정신이 아니었던 것 같습니다. 악한 자들은 처형 직전의 상태에 놓여 있습니다. 죄는 그들의 목을 조르는 밧줄이며, 죽음은 천국으로 오르는 사다리에서 그들을 떼어 놓으며, 지옥은 그들을 불사르는 곳입니다. 그들이 이런 위험에 처해 있다는 것을 알면서도 그들을 위해 기도하지 않을 수 있겠습니까?

3. 하나님의 부르심을 입었다는 사실을 자랑스럽게 여기십시오.

"그러므로 주 안에서 갇힌 내가 너희를 권하노니 너희가 부르심을 입은 부름에 합당하게 행하라"(엡 4:1). 그리스도인들은 예의를 지켜야 합니다. 다시 말해 자신이 하나님의 부르심에 합당한 삶을 살고 있는지를 주의 깊게 살펴야 합니다. 이 말은 하나님의 부르심을 입었다고 말하면서도 방탕하고 비정상적인 삶을 영위하여 신앙을 더럽히고 하나님의 길을 모독하는 많은 사람들에게 적절한 충고가 될 것입니다.

5세기 저술가 샐비안(Salvian, 그는 역사를 전거로 삼아 그리스도인들로 하여금 바르게 살고 하나님의 섭리를 믿도록 권면하였다.)은 다음과 같이 말했습니다. "이방인들은 그리스도인들이 수치스런 생활을 하는 것을 보고 무엇이라고 말하겠는가? '틀림없이 그리스도도 그들에게 그보다 더 나은 생활방식을 가르치지 못했을 것'이라고 말했을 것이다."

그래도 여러분은 하나님의 부르심을 남용하여 그리스도를 수치스럽게 하고, 또다시 그에게 고통을 안겨드리고 싶은 생각이 듭니까? 기도의 손을 드높이던 사람이 그 손으로 이웃을 괴롭히고, 하나님을 찬양하던 그 입으로 이웃을 속이며, 입으로 하나님을 고백하던 사람이 행위로 하나님을 부인하는 것은 참으로 슬픈 일입니다. 이런 일은 얼마나 무가치한 일입니까! 하나님의 부르심을 입은 여러분이 그래도 거룩하지 않단 말입니까? 여러분은 다른 사람들처럼 자유롭게 살겠다고 생각하지 마십시오. 서원한 나실인은 하나님께 자신을 성별하여 드리고 술을 마시지 않기로 약속했습니다. 다른 사람들이 술을 마셔도 나실인은 술을 마시면 안 되었습니다. 다른 사람들이 제 아무리 방탕하고 헛된 삶을 살지라도 하나님의 부르심을 받은 사람은 그래서는 안 됩니다.

꽃이 잡초보다 더 향기롭지 않습니까? 여러분은 이제 "거룩한 백성"이 되어야 합니다(벧전 2:9). 품위에 있어서 뿐만 아니라 행실에 있어서도 거룩해야 합니다. 모든 죄의 활동을 미워하십시오. 죄는 하나님의 부르심을 받아 거룩해진 여러분을 수치스럽게 하기 때문입니다.

| **질문** | 어떻게 해야 하나님의 부르심에 합당하게 사는 것일까요?
| **대답** | 정상적으로 땅에 발을 딛고 살되 하나님의 말씀의 법칙에 따라 사는 것입니다. 진정한 성도는 교회법에 순종하며 성경의 규범을 따릅니다. "이 규례를 행하는 자"(갈 6:16). 인간적인 생각을 버리고 하나님의 법을 즐거워하며, 이스라엘이 불기둥을 따른 것처럼 하나님의 말씀을 따르는 사람은 하나님의 부르심을 입을 수 있습니다.

첫째, **다른 사람과 구별되는 삶을 사는 사람만이 하나님의 부르심을 입을 수 있습니다.** "네가 이 세대에 내 앞에서 의로움을 내가 보았음이니라"(창 7:1). 다른 사람들이 악마와 붙어다닐 때, 노아는 하나님과 동행했습니다. 우리는 비신자들의 생활방식을 따라서는 안 됩니다(출 23:2). 이 세상에서는 유별나게 사는 것이 결코 유익이 되지 않지만, 신앙의 영역에서는 다른 사람들과 구별되어야 합니다. 멜란히톤(Melanchthon, 독일 종교개혁 당시 마틴 루터의 유명한 동지)은 그 시대의 영광이었습니다. 아타나시우스(Athanasius, 4세기 알렉산드리아의 감독,

그의 이름을 딴 유명한 신조가 있음)는 다른 사람들과 구별될 만큼 거룩한 삶을 살았습니다. 그는 시대의 흐름이 하나님이 원하시는 것과 전혀 다른 엉뚱한 길로 치닫고 있을 때, 하나님을 대신해서 출현했습니다. 악한 일에 가담하는 것보다 거룩하게 사는 것이 더 낫고, 무리들과 함께 지옥으로 가는 것보다 두세 명의 친구들과 함께 천국으로 가는 것이 더 낫습니다. 그러므로 우리는 세상 사람들이 가지 않는 길로 가야 하겠습니다.

둘째, **즐겁게 사는 사람만이 하나님의 부르심을 입을 수 있습니다.** "주 안에서 항상 기뻐하라"(빌 4:4). 하나님의 부르심을 입고도 여전히 실의에 차 있는 것은 결국 하나님을 모욕하는 처사이며 우울증을 신앙으로 착각하게 만드는 짓입니다. 하나님은 우리가 주 안에서 기뻐하기를 원하십니다. 카우시누스(Causinus)라는 17세기의 프랑스 학자는 자신의 상형 문자 연구서에서, 비둘기 한마리가 날개에 향수를 바르자 그 주변의 다른 비둘기들도 그대로 따랐다는 내용의 글을 해독했습니다. 즐거움은 다른 사람들을 믿음으로 인도하는 향수입니다. 기독교는 온갖 종류의 기쁨을 다 금하지는 않습니다. 괴로움 없는 심각함이 있듯이, 가볍지 않은 즐거움도 있습니다. 탕자가 회개하고 돌아오자 "저희가 즐거워" 하였습니다(눅 15:24). 하나님의 백성이 즐거워하지 않는다면 누가 슬거워하겠습니까? 성령으로 서듭난 사람은 넌뮤관을 기업으로 물려받습니다. 하나님은 그들의 몫이며, 하늘은 그들의 저택입니다. 그러니 그들이 즐거워하지 않을 이유가 어디 있습니까?

셋째, **현명하게 사는 사람만이 하나님의 부르심을 입을 수 있습니다.** 현명하게 산다는 말에는 다음의 세 가지 사실이 함축되어 있습니다.

(1) 조심스럽게 행동하는 것 "지혜자는 눈이 밝고"(전 2:14). 행동은 우리를 있는 그대로 드러내줍니다. 그러므로 우리는 우리 자신의 언행을 잘 살펴야 합니다. 우리는 상스러운 행동을 하지 말아야 합니다. 우리가 옳지 못한 짓을 하면 세상 사람들이 그것을 보고 기독교를 비방합니다. 우리가 믿음으로 사람들을 회개시켜 하나님께 돌아올 수 있도록 인도할 수 없다면, 조심스럽게 행동하는 것이 상책입니다.

(2) 예의 바르게 행동하는 것 복음의 정신은 부드러움과 성실로 가득 차 있습니다. "겸손하라"(벧전 3:8). 화난 사람처럼 행동하거나 거만하게 행동하지 마십시오. 믿음이 있는 사람은 겸손해야 합니다. "아브라함이 일어나 헷 족속을 향하여 몸을 굽히더라"(창 23:7). 헷 족속은 이방인이었지만, 아브라함은 그들을 정중하게 대했습니다. 하나님의 귀한 일꾼인 사도 바울도 공손한 사람이었습니다. "여러 사람에게 내가 여러 모양이 된 것은 아무쪼록 몇몇 사람들을 구원코자 함이니"(고전 9:22). 바울은 비교적 사소한 문제에 있어서는 다른 사람들에게 양보하고 친절을 베풀어 그들의 마음을 사로잡고자 하였습니다.

(3) 관대하게 행동하는 것 겸손해야 하지만 비굴해서는 안 됩니다. 사람들의 욕망에 우리 자신을 내맡겨서는 안 된다는 말입니다. 죄라고 생각되는 일에는 담대히 맞서 싸워야 합니다. 우리의 양심은 우리 영혼의 목자(벧전 2:25)이신 그리스도 외에는 아무도 들어갈 수 없는 하나님의 교구입니다. 우리는 달궈진 쇠처럼 제멋대로 모습을 달리해서는 안 됩니다. 용기 있는 그리스도인이라면 양심을 파느니 차라리 고난을 감수할 것입니다. 용기 있는 그리스도인은 뱀처럼 지혜롭고 비둘기처럼 순결해야 합니다. 이와 같이 분별 있게 행동하는 사람만이 하나님의 부

르심을 입을 수 있고, 그리스도의 복음을 찬양할 수 있습니다.

부르심을 입은 사람은 이웃에게 덕을 끼칩니다. 즉 이웃의 유익을 도모하며 그들에게 자비를 베풉니다(히 13:16). 선한 행실은 믿음에 덕이 됩니다. 마리아가 그리스도께 향유를 쏟아 부은 것처럼, 우리도 선한 행실로써 복음의 정수에 향유를 쏟아 부어 향내가 온 천지에서 풍겨나게 해야 하겠습니다. 비록 선한 행실이 구원을 가져오지는 못한다 하더라도, 선한 행실 그 자체가 바로 구원을 얻었다는 증거입니다. 우리의 구세주처럼 우리가 선을 행하고 자비를 베푸는 것은 우리가 하나님의 부르심을 입었다는 증거가 됩니다.

하나님의 부르심을 입은 사람은 마음을 편히 가지십시오. 하나님께서 여러분에게 풍성한 은혜를 내려주셨기 때문입니다. 여러분은 천사들의 협력자요, 그리스도와 함께 기업을 물려받을 자라는 영예로운 지위로 부르심을 입었습니다. 이런 사실은 어려움에 처해도 큰 힘이 됩니다. 사람들이 여러분을 욕하고 비난해도 개의치 마십시오. 여러분이 하나님의 부르심을 입은 자들이기 때문에 사람들이 여러분을 욕한다고 생각하십시오. 사람들이 여러분을 죽음에 이르기까지 박해하도록 내버려 두십시오. 그들이 여러분을 천국에 이르는 지름길로 보내는 것이기 때문입니다. 여러분에게 임한 고난을 이런 식으로 이해하게 되면 마음의 고통도 가라앉을 것입니다. 파도가 치고, 지진이 일어나고, 별들이 흔들린다 해도, 두려워하지 마십시오. 여러분은 하나님의 부르심을 입었으므로 승리의 면류관을 받을 것입니다.

복음주의설교의 대표 브랜드,
마틴 로이드 존스를 만나자!

사람들에게 널리 인정받는 브랜드는 굳이 이것저것 설명하지 않아도 고객들에게 믿음을 주고, 고객들도 그 브랜드를 기쁜 마음으로 구입한다. 또 그것을 가지고 다니면서 적극적으로 자랑하며 많은 사람들에게 브랜드의 가치를 퍼뜨린다. 이처럼 마틴 로이드 존스는 바로 '복음주의'라는 영역에서 최고의 브랜드이며, 크리스천들은 그 이름을 신뢰하기 때문에 그의 책을 구입해 예수 그리스도를 만난다.

마틴 로이드 존스. 그 이름 하나만으로도 복음주의설교의 대표 브랜드라 할 만큼 그는 크리스천들에게 믿음을 준다. 이 책은 그가 평생 날마다 만나고 알아왔던 그리스도와 복음의 핵심을 정리한 책이다. 교회에 다니지만 복음과는 무관한 사람들, 크리스천이라고 말하지만 복음의 위력이 드러나지 않는 사람들을 향해 로이드 존스는 복음의 핵심을 쉽고 흥미롭게 전달한다.

그는 그리스도를 제대로 믿으려면 복음의 핵심을 명확하게 알고 있어야 한다고 확신했다. 그렇기 때문에 평생 복음을 가장 쉽게 전달하고 실천할 수 있는 방법을 정리해 수많은 사람들에게 전했다. 그가 이렇게 할 수 있었던 것은 자신이 바로 복음의 핵심인 예수 그리스도와 늘 가까이했기 때문이다.

사람들이 로이드 존스를 복음주의 대표 브랜드로 믿고 구입한 것처럼, 그는 자신의 삶을 내어주면서 그리스도라는 브랜드를 구매하기로 결정했다. 그는 자신이 입은 브랜드의 가치를 분명히 알고 있었고 그 브랜드가 다른 어떤 것과도 비교할 수 없을 만큼 소중하다는 사실도 알고 있었다. 그렇기 때문에 그는 일생을 그리스도라는 브랜드를 전하는 데 아낌없이 바쳤다.

로이드 존스는 브랜드를 소개하는 탁월한 점원처럼 복음의 핵심을 간결하면서도 가볍지 않게 전달한다. 그의 책을 보고 있으면 마치 복음주의에 관해 강론하는 그의 열정적인 육성을 바로 앞에서 듣고 있는 것처럼 느껴진다. 가장 기본적인 것부터 확인하는 그의 질문은 크리스천들이 자신의 믿음과 하나님을 아는 지식을 확인하고 점검할 수 있도록 이끌어준다.

그는 하나님과 무관하게 살아가는 세속적인 크리스천들을 향해 "당신들의 정체가 뭐냐?"고 묻는다. 그리스도와 관계없는 크리스천. 그는 바로 이런 크리스천들이 십자가에 못 박힌 그리스도와 만날 수 있도록 가장 기초적인 질문부터 시작해 복음의 핵심으로 이끌어준다. 뿐만 아니라 로이드 존스는 그리스도의 생애와 사역, 십자가의 죽음을 생생한 목소리로 들려줌으로써 믿음의 출발점을 제시해 준다. 이제 로이드 존스와 함께 그가 준비한 '복음의 핵심'이라는 골방에서 하나님을 만나 믿음의 경주를 신나게 계속하자.

복음의 핵심

마틴 로이드 존스 · 이중수 옮김 · 신국판 · 288쪽 · 12,000원

추천의 글

단순하고 선명하며 직설적이고 강해적이고 변증적인 방대한 스케일의 설교였습니다. …… 나는 경외심과 기쁨에 가득 차서 교회문을 나섰는데 예전에 알았던 것보다 하나님의 위대하심을 더욱 선명하게 마음속에 느낄 수 있었습니다.
- 짐 팩커 J. I. Packer

마틴 로이드 존스 목사님은 우리가 기대하는 대로 본(本) 강해에서 예수님을 가장 높이 받들었습니다. 그리스도를 사랑하는 자들은, 그들의 신학적 입장이 어떤 것이든지 로이드 존스 목사님이 우리에게 설교했을 때 우리가 받았던 감동을 본서의 페이지 속에서 똑같이 받게 될 것입니다.
- 로저 포스터 Roger Foster

구성과 차례

"오실 그이가 당신이오니이까? 우리가 다른 이를 기다리오리이까?" 세례 요한은 처형되기 직전에 예수님께 이 질문을 던졌다. 그 뒤로 많은 이들이 동일한 질문을 던져 왔다. 많은 사람들이 예수 그리스도를 가장 출중하고 비범한 인물로 간주하지만, 자신들의 구주로 모시지 않는다. 왜 그럴까? 저자는 탁월한 솜씨로 이 책의 14장을 통하여 예수님의 생애와 사역에 대한 상이한 견해들을 검토하고, 예수 그리스도에 대한 그릇된 인식들과 그분을 배척하는 원인들을 파헤친다.

- 중대한 질문
- 그리스도께로 가십시오
- 올바른 관계
- 거슬리는 그리스도의 교훈
- 침노하는 사람들
- 불신
- 하나님의 심판과 피할 길
- 어린아이들
- 하나님을 아는 일
- 모든 것을
- 하나님의 기쁨
- 참된 안식
- 그리스도의 멍에
- 거저 주는 선물

부록 : 마틴 로이드 존스의 저서 목록

저자 소개　마틴 로이드 존스 Martyn Lloyd-Jones　1893년 남웨일스 카디프에서 출생하였고 유능한 내과의사로 장래가 촉망되었지만 의학계를 떠나 목사가 되었다. 1927-1938년까지 샌드필드 아벨라불의 B.F.M. 교회, 1938년-1968년까지 런던 웨스트민스터 채플교회에서 목회했다. 그는 탁월한 복음주의자로서 능력 있는 설교로 유럽과 미국에 엄청난 부흥을 일으켰으며 세속주의에 물든 현대교회를 향해 하나님의 위력적인 메시지를 전했다. 『복음의 핵심』을 비롯해 영혼을 감동시키는 여러 작품으로 많은 이들을 그리스도께로 이끌었으며, 생명이 다하는 그 순간까지 말씀을 가르치다가 1981년 3월 1일 그리스도의 품에 안겼다.

역자 소개　이중수　United World Mission 한국 총무와 성서유니온 창립이사를 역임했으며, 영국 Capernwray 신학교와 London Bible College를 졸업했다. 그는 글라스고, 런던, 파리, 로스앤젤레스에서 교회를 개척했고 현재 월간강해지 《양들의 식탁》을 발행하면서 저술과 강해 세미나 강사로 섬기고 있다. 저서로는 엘리야 강해 『여백의 하나님』, 삼손 강해 『약점에도 불구하고 하나님께 쓰임 받은 사람』, 『하나님의 돈』 등이 있고, 역서로는 『구원의 핵심』 등이 있다.

스펄전의 전도설교
구원의 핵심
Charles Spurgeon

세계 최고의 복음주의 설교자, 찰스 스펄전을 만나자!

이 책을 통해 우리는 십자가를 통한 하나님의 구원의 계획을 열정적으로 설명하는
위대한 설교자 스펄전의 뜨겁고 간곡한 메시지를 생생하게 접할 수 있다.
이 책은 그 내용이 이해하기 쉬우면서도 논리가 있고 적용력이 강해서
불신자나 초신자에게 적합할 뿐만 아니라 대설교자가 어떻게 기독교 교리의
핵심인 십자가의 구원을 설명하고 있는지를 참고할 수 있다는 뜻에서
목회자나 기존 신자에게도 도움이 될 것이다.

찰스 스펄전 지음 이중수 옮김 목회자료사 신국판 216쪽 10,000원